汽车美护
产品配方与工艺

CAR CARE
Product formula and process

龚毓曦 ◎ 编著

吉林大学出版社
JILIN UNIVERSITY PRESS

图书在版编目（CIP）数据

汽车美护产品配方与工艺 / 龚毓曦编著. — 长春：吉林大学出版社, 2021.9

ISBN 978-7-5692-8791-2

Ⅰ. ①汽… Ⅱ. ①龚… Ⅲ. ①汽车－车辆保养－化工产品－配方②汽车－车辆保养－化工产品－生产工艺 Ⅳ. ①U472

中国版本图书馆CIP数据核字(2021)第182246号

书　　名：汽车美护产品配方与工艺
QICHE MEIHU CHANPIN PEIFANG YU GONGYI

作　　者：龚毓曦 编著
策划编辑：云　宇
责任编辑：田茂生
责任校对：李潇潇
装帧设计：梦　乡
出版发行：吉林大学出版社
社　　址：长春市人民大街4059号
邮政编码：130021
发行电话：0431-89580028/29/21
网　　址：http://www.jlup.com.cn
电子邮箱：jdcbs@jlu.edu.cn
印　　刷：河北盛世彩捷印刷有限公司
开　　本：880mm × 1230mm　1/32
印　　张：7.5
字　　数：144千字
版　　次：2021年9月第1版
印　　次：2021年9月第1次
书　　号：ISBN 978-7-5692-8791-2
定　　价：50.00元

前 言

我国汽车保有量不断增长，对汽车保养及维修的需求日益增多，市场潜力巨大。消费者对汽车美护产品的需求正从单一品类向多品种转变，从单一功能向复合型多功能转变，从低价格向高质量转变。

笔者做了大量的实验应用工作，同时参阅了最新的国内外汽车用品的配方，宗旨是让生产技术人员和研发人员了解最新汽车美容产品的化工原料及配方，同时给有志于在汽车养护行业发展的朋友们提供一本入门的工具书。

本书主编龚毓曦，参与编写与提供协助人员有梁素茹、林霞等。书中提供汽车美容产品的参考配方和配制方法，同时介绍一些重点化工原料的特点及其应用，分类科学、实用，便于读者参阅。

本书共分为四章：第一章为汽车轮胎洗涤护理剂；第二章为汽车车身应用的化学原料；第三章为汽车内美护化学原料；第四章为化学原料简介。

由于编著者水平有限，书中难免存在不足和疏漏之处，恳请读者谅解，欢迎批评指正！

龚毓曦

2020年12月

目录

1 汽车轮胎洗涤护理剂

1.1 汽车轮胎清洁护理剂

轮胎清洁剂是任何汽车洗护套件中必不可少的元素，因为轮胎对汽车的健康和寿命来说非常重要，不经常清洁保养的轮胎出现爆胎及其他潜在危险的风险会大幅增加。轮胎清洁剂是保持轮胎强度、增加耐用性和使用寿命的最简单、最有效的方法。

轮毂又叫轮圈，目前主要采用铝合金轮毂，抗变形程度比过去的铸铁轮毂有很大提高，重量小，振幅减轻，车动力损失小，省油且散热好。

汽车在恶劣环境下行驶会对轮胎和轮毂造成严重的污染和损害，而且其洁净程度对车辆的外观有很大的影响。因此，对轮胎和轮毂的保养十分重要。

轮胎的最初级保养是用清水冲干净轮胎上的泥，再用清洁液去除轮胎上面的其他污垢。这些污垢有一些会浸入轮胎橡胶内部，导致轮胎失去光泽，失去原有的纯正黑色而变成灰黑色，这种颜色上的变化只靠清洗是无法解决的。另外一种情况是轮胎遭受侵蚀，橡胶老化、变硬，失去原有的弹性及耐磨性。因此，轮胎要定期进行翻新保护处理。轮胎翻新的主要用品是清洁护理剂，它也有轮胎美容的效果，能增加轮胎黑度。

1.1.1 轮胎清洁护理原理

大多数轮胎清洁剂产品由清洁剂和溶剂组合而成，这些清洁剂和溶剂能够渗入轮胎橡胶内部，溶解并去除制动粉尘和污垢。

轮胎护理剂含有高效抗臭氧剂和聚合物保护成分，具有超强的渗透力和附着力，对橡胶具有保护作用。轮胎护理剂集上光、防护为一体，在轮胎面上形成保护层，可抵抗紫外线、沙尘、油脂、雨水的侵蚀，有效防止轮胎老化、褪色、龟裂，增加轮胎光泽，赋予轮胎新的活力，大大延长轮胎使用寿命。

1.1.2 轮胎清洁护理剂用添加剂

①硅氧烷树脂及硅油对橡胶具有保护作用，并在轮胎上形成一层光亮、抗静电的憎水薄膜。

②无机溶剂、水及有机溶剂，常用对橡胶没有影响的醇类溶剂异丙醇、乙醇等。

③表面活性剂起乳化和洗涤作用。

④炭黑增黑。

1.1.3 轮胎清洁护理剂的类型与性能

轮胎的清洁护理主要是通过轮胎清洗、上光、增黑来实现的。按轮胎护理剂的功能不同，可将其分为两种。一种以清洗功能为主，主要是清除轮胎表面附着的污物、淤泥、油污、焦油、蜡膜以及硅化合物。在达到清洗目的的同时，有对轮胎增黑上光的作用。另一种是以上光为主的护理剂，即轮胎光亮剂，也叫轮胎翻新剂或轮胎增黑剂，分为液体和膏体两种。其主要功能是恢复轮胎原有的崭新面目，阻止紫外线侵蚀，避免橡胶老化、龟裂和失色，有效延长轮胎寿命。轮胎光亮剂要有良好的增黑和防护效果，涂抹在车体上后，一般情况下会在25min左右干燥，而后车辆行驶时不会黏附尘土。该类产品没有清洗功能，但能提供持久的不受天气影响的黑色光泽，且作用迅速、方法简单，仅需要直接喷射在轮胎表面即可恢复轮胎表面自然光泽，防止轮胎干裂与老化，对漆面或合金没有不利影响。这两种产品建议同时使用，前者清洗，后者上光，保护作用更佳。单独使用保护剂时，应将轮胎表面清洗干净，待其干燥后再使用保护剂。

1.1.4 轮胎清洁剂配方及制备

【配方1-1】轮毂清洁剂

参考配方

表1-1　轮毂清洁剂参考配方

组分	质量分数（%）	组分	质量分数（%）
三聚磷酸钠	4	椰油脂肪酸二乙醇酰胺	2
十二烷基硫酸钠（K12）	4	除臭剂或香料	0.05
AEO-9	4	水溶性染料	0.01

续表

组分	质量分数（%）	组分	质量分数（%）
Skycore®SP150	2	去离子水	余量
乙二醇单丁醚	2		

注：Skycore®SP150是一种强力去除油污的非离子表面活性剂。

制备方法

将原料按比例加入去离子水中，搅拌均匀即可。

使用方法

将其喷涂在轮毂表面，几分钟后，用高压水枪冲洗干净即可。

用途特性

本配方同时对轮胎洗涤有效，还可以用于洗涤汽车顶棚、织物内饰及其他难清洗的汽车表面，且很容易从织物表面去除，不伤害皮肤。

【配方1-2】轮毂、车身清洁剂

参考配方

表1-2　轮毂、车身清洁剂参考配方

组分	质量分数（%）	组分	质量分数（%）
葡萄糖酸钠	5	脂肪醇醚磷酸酯OEP-70	1.9
十二烷基硫酸钠（K12）	0.5	Skycore®HNS195	2
氢氧化钠	5	HEDP-2Na	5

续表

组分	质量分数（%）	组分	质量分数（%）
EDTA-4Na	0.2	去离子水	81.5
DTPA-5Na	0.9		

制备方法

①将去离子水、葡萄糖酸钠、K12加入釜中，搅拌5min。

②加入氢氧化钠、EDTA-4Na 、DTPA-5Na搅拌至溶解。

③加入OEP-70搅拌至透明。

④加入Skycore®HNS195搅拌至透明。

⑤最后加入HEDP-2Na搅拌至透明即可。

⑥过滤出料。

使用方法

①轮胎轮毂清洗、除锈，发动机外部除油。

将自洁素按1：5的比例兑水稀释搅拌均匀，均匀喷洒于轮胎轮毂、冷却后的发动机外部及塑料件，等油污分解，用高压水枪直接冲洗，水枪压力建议设定为8～10MPa。（油泥非常厚的部位建议重复清洁步骤）

②清洗虫胶、下边梁及黑色塑料件。

按照1：10的比例兑水稀释自洁素，均匀喷于虫胶处，待虫胶乳化分离，用扇形高压水枪冲洗干净即可。（水枪压力建议设定为8～10MPa）

③车身清洁。

按照1：50～1：100的比例兑水稀释自洁素，均匀喷洒于车身，用扇形高压水枪与车身呈45°夹角，自下而上冲洗干净即可。（水枪压力建议设定为8～10MPa）

用途特性

本配方以耐强碱除污表面活性剂Skycore®HNS195、多种螯合剂和渗透剂复配而成，能很好地去处轮毂表面的污垢，同时有轮毂防锈的作用。

注意事项

①油电混合的发动机舱不能用高压水枪冲洗，其他车型的发动机保险、进气口、部分传感器做好防护后可进行清洁。

②请勿在烈日或高温下使用。

③长时间接触清洁剂请佩戴手套。

【配方1–3】轮毂清洁剂

参考配方

表1–3 轮毂清洁剂参考配方

组分	质量分数（%）	组分	质量分数（%）
烷基苯磺酸钠（ABS）	1.5	异丙醇（或乙醇）	5
烷基磺化丁二酸钠	1.5	去离子水	余量
十二烷基硫酸钠（K12）	2		

制备方法

将原料按比例加入去离子水中，搅拌均匀即可。

使用方法

将其喷涂在轮毂表面，几分钟后，用高压水枪冲洗干净即可。

用途特性

本配方由表面活性剂和溶剂复配而成，有洗涤作用。

【配方1-4】轮毂、轮胎清洗剂

参考配方

表1-4 轮毂、轮胎清洗剂参考配方

组分	质量分数（%）	组分	质量分数（%）
脂肪醇醚磷酸酯 OEP-70	4	五水合偏硅酸钠	7
丁基溶纤剂	2.5	三聚磷酸钠	3.5
十二烷基硫酸钠（K12）	2	去离子水	余量

制备方法

混合均匀，密封包装。

使用方法

以刷子或者抹布蘸本剂直接洗刷轮胎或其他橡胶部件。几分钟后，用高压水枪冲洗干净即可。

用途特性

配方由表面活性剂、溶剂及其他助剂配制而成，有清洁并保护轮毂的作用。

【配方1-5】轮胎清洁剂

参考配方

表1-5　轮胎清洁剂参考配方

组分	质量分数（%）	组分	质量分数（%）
聚二甲基硅氧烷	8	异辛醇	1.8
硬脂酸	3	AMP	0.3
乙醇	5	丙烷（或丁烷）	18
去离子水	余量	三乙醇胺	0.5

制配方法

将聚二甲基硅氧烷与硬脂酸混合均匀，在50℃时加入去离子水及AMP和三乙醇胺，形成乳化液后，加入异辛醇溶剂混合均匀，即为气雾罐中的有效去污组分，最后加入18份脱臭丙烷（或丁烷）气体，形成气溶胶包装。

使用方法

该气雾剂喷到轮胎上，形成大量泡沫，在发泡和溶剂挥发的同时，轮胎上的污垢也随之脱落（转到泡沫层中），然后用抹布一擦即净。

用途特性

这种气雾剂型产品使用方便，去污性好，尤其适用于清洗汽车轮胎。聚硅氧烷在轮胎上形成一层光亮、抗静电的憎水薄膜。

【配方1-6】轮胎、皮革内饰、车内塑料件水性上光保护剂

参考配方

表1-6 轮胎、皮革内饰、车内塑料件水性上光保护剂

组分	质量分数（%）	组分	质量分数（%）
Skysoft®EMU705①	30	Skytech®TC860②	适量
甘油	10	氨水	适量
去离子水	余量		

制备方法

将Skysoft®EMU705、甘油、去离子水三种原料混合，搅拌均匀。如需增稠，可先用水稀释Skytech®TC860，再加入配好的原料中，边加边搅拌，可再加入适量氨水搅拌至稠度增加。

使用方法

①将皮革、仪表盘或轮胎清洗干净，擦干。

②将稀释好的光亮剂适量涂或滴到海绵刷上，在皮革、仪

① 一种非离子高含量的有机硅乳液。

② 一种碱性增稠剂。

表盘或轮胎上擦均匀。

③用抛光毛巾拭擦，干透后即可。

注意事项

①每次使用光亮剂前需要将皮革、仪表盘或轮胎清洗干净。

②使用光亮剂后建议10min内不要触摸。干透后再使用。

用途特性

Skysoft®EMU705是一种非离子高含量有机硅乳液，光泽度和持久性好，能以任意比例用水稀释，体系稳定。此配方可形成一种表面有光泽、耐久性好、排水性强的涂层，具有增黑翻新效果，能够避免橡胶老化、龟裂和失色，有效延长轮胎寿命。

【配方1-7】轮胎上光护理剂

参考配方

表1-7　轮胎上光护理剂参考配方

组分	质量分数（%）	组分	质量分数（%）
聚二甲基硅氧烷乳液	8	卡松	0.2
丙烯酸氟树脂乳液	10	去离子水	余量

制备方法

聚硅氧烷乳液与丙烯酸氟树脂乳液和去离子水混合，即得最终产品。

使用方法

对于清洗干净的汽车轮胎用上述配方物涂均匀，形成一种表面有光泽、耐久性好的涂层。

用途特性

恢复轮胎原有的崭新面目，阻止紫外线侵蚀，避免橡胶老化、龟裂和失色，有效延长轮胎寿命。

1.1.5 轮胎清洁护理剂的使用方法及注意事项

1.1.5.1 轮胎清洁护理剂的使用方法

①清洗：先用高压水枪对车轮进行清洗，尤其对不易清洗的部分积累的泥沙、污物、纤维要进行彻底清洁。结合洗车工序，在喷洒洗车清洁香波后，用不太硬的刷子刷掉沾在车轮胎表面的污物。

②清洁：用万能泡沫清洁剂或黏胶去除剂将车胎表面的污物及胶质去除，避免污垢长期积累。清洗完成后，用抹布将轮胎擦拭干净，并用喷枪将缝隙中的水吹干。

③上光保护：车胎表面干净后，喷涂一层轮胎光亮剂。

1.1.5.2 轮胎清洁护理剂使用注意事项

在轮毂和车轮的清洗过程中，除了去除黏附的脏物，同时也要清洗掉制动产生的细磨粒。冬季残冰和融雪剂等散撒的盐分会影响汽车的制动效果，注意及时清洗。确保车轮的金属防护层不被损伤。如果防护漆有破损，在生锈之前尽快修补好。

在汽车轮胎轮毂清洗护理施工过程中，应注意以下几点。

①使用塑胶清洗剂清洗轮胎，使用轮毂清洗剂清洗轮毂。

②清洗轮胎、轮毂要保证清洗后的部位干净，无污渍。

③喷上清洗剂后，用软毛刷刷洗轮胎、轮毂，不得伤害其表面。

④对轮胎、轮毂进行护理时，用水冲洗轮毂、轮胎，洗净后用干净、干燥的毛巾擦干。

⑤将轮胎增黑上光剂均匀地喷于轮胎侧面。

⑥使用金属防锈剂喷于轮毂表面，护理后的轮毂光亮如新。

一般情况下，汽车轮胎清洗剂应使用单独包装的专用清洗剂，因为轮胎是用橡胶制成的，对部分化学药品很敏感（如某些有机溶剂可能会导致轮胎的溶胀问题）。由于汽车行驶在各种路面上，轮侧黏附的污垢种类很多，将含有有机溶剂的仪表盘上光蜡充当轮胎护理剂也是错误的，这会加速胎面失色、龟裂和老化。

2 汽车车身应用的化学原料

预测分析表明，中国轿车需求完全有可能保持20年甚至更长时间的持续、稳步、快速的增长态势，家用轿车将成为轿车乃至整个汽车工业增长最重要的拉动力量，并在不久的将来成为中国汽车工业的主体。伴随居民可支配收入的增长和对轿车需求量的增加，中档轿车对中国轿车工业增长的拉动作用将逐步增强。因此，车身用精细化学品将有巨大的市场空间。

一般情况下，车身表面主要会受到以下几个方面的损伤。如汽车在阳光下行驶或停放，阳光中的紫外线和其他各种射线对车身漆面有强烈的老化作用，长期被照射的漆面中的一些物质的化学结构就会发生变化，聚合物的分子结构被破坏，颜料分子结构发生异变，等等。漆面日益变得失去光泽，出现褪色、异色斑点甚至龟裂。随着大气污染日益严重，空气中含有硫化物、活性自由基和游离于空气中带电的基团，会和水滴或雨水混合在一起，形成更为有害于漆面树脂和颜料的物质。这些含酸雨、盐雾、酸碱空气以及静电和自由基氧化还原条件的有害物质很容易被吸附到因为与空气做相对运动摩擦产生静电的车身表面。车身表面静电的产生也大量吸附空气里的灰尘。时间一久，车身表面就会形成一层被称为“交通膜”的薄膜。这层顽固的薄膜中富集了大量的酸、碱、自由基等腐蚀性污物，持续损伤漆面、车架以及其他部件。在漆面上的反映是使得原本光亮的车身变得暗淡，失去了鲜艳的色泽。硬器划伤和擦伤、鸟类粪便、沥青以及其他污物的黏附等外界的伤害也是常见的导致车身表面损伤的原因。

清洗是汽车车身保养的重要先行步骤。汽车需要清洗的部位很多，而且每一种清洁方法都应该使用相应配套的专用清洗用品，以及采取专业合理的清洗操作步骤。

2.1 车身清洗剂

清洗剂作为精细化学品的一大门类，广泛用于各个领域，量大面广。随着科学技术的发展，清洗剂新的门类品种不断增加，市场需求量也越来越大。而我国现在还没有形成完整的汽车化学品工业体系，尤其多功能产品在国内种类偏少，因此，研发适合我国特色的车用清洗剂用品是当务之急。常用的清洗剂包括中性清洗剂、弱酸性清洗剂，还有一些能够增加车身光泽的清洗剂等。汽车车身化学品可以结合汽车车身的特点有目的、有依据、科学地进行保养，使汽车外观亮洁如新，长时间保持漆面光亮，有效延长汽车寿命。

2.1.1 车身清洗剂洗涤原理

车身清洗用清洗剂除垢包括润湿、吸附、溶解、悬浮、去污五个过程。

①润湿：由于清洗剂溶液对污垢有很强的润湿力，当清洗剂与汽车表面上的污垢接触后，使被清洗物的表面很容易被清洗溶液所润湿，并促进它们之间的充分接触。

②吸附：清洗剂中的电解质形成的无机离子吸附在污垢上，能改变对污垢的静电吸引力，并可防止污垢再沉积。

③溶解：使污垢溶解在清洗剂溶液中。

④悬浮：清洗剂中的表面活性物质能在污垢表面形成定向排列的分子层，进一步增加了去污作用。吸附在污垢周围的很多定向排列的分子使污垢和周围的水溶液牢固地联结在一起，使憎水性污垢具有亲水性质，汽车表面的污垢脱落后，悬浮于清洗剂中。

⑤去污：最后用高压水枪将污垢从车身上冲掉。

通过这种润湿、吸附、溶解、悬浮、去污的过程，不断循环，或综合起作用，可以将汽车表面的污垢清除掉。

洗涤剂在洗涤过程中是不可缺少的，洗涤剂可降低液体表面张力，改善水对洗涤物表面的润湿性，从而去除固体表面的污垢，同时对油污有分散和悬浮作用，使已经从固体表面上脱离下来的污垢很好地分散和悬浮在洗涤介质中，不再沉积在固体表面；另一方面，洗涤剂具有乳化能力，能将液体油污乳化成小液滴而分散、悬浮于水中。

汽车车身清洗剂是一系列具有特殊功用的洗涤用品。需要指出的是，洗衣粉、肥皂和洗涤灵等pH值在10.3以上的洗涤用品，是不能用来清洗汽车车身的，尤其不能用来清洗高级轿车车身。汽车面漆比较适宜的pH值在6～8之间，使用超出该酸碱度范围的清洗剂清洗车辆，时间长了就会造成车身面漆甚至中间涂层以至底漆的侵害和腐蚀。经常使用pH值大于9的碱性清洗剂清洗车身会严重腐蚀漆面。清洗剂一般是用水按一定的比例稀释混合后，用高压清洗剂均匀喷涂到车身表面，或者是用海绵涂抹到车身表面，保持片刻才能用水冲去。汽车漆面上一般都有一层保护蜡，多为上次保养时所施或者是新车的封蜡，在进行漆面的再次保养时，就要将原来残留的蜡清除干净。车身清洗剂中有一种油溶性的开蜡剂，专门用来清除残蜡或新车的封蜡。

一般使用汽车去除静电清洗剂之前，要用清水将车体全部润湿，待一些结有泥团等固体附着物的部位全部润透后，再用高压水枪将沾染在车身上的泥沙冲掉。需要注意的是：第一，不得使用抹布蘸水直接在黏附有泥沙的漆面上擦拭，这样会使泥沙在外力的作用下擦伤漆面而留下划痕；第二，高压水枪的压力不应超过2MPa，用无压力的水冲洗时要耐心地多冲洗一会儿，必须将泥沙冲净。清洗用产品也有很多是以组合方式制成的，其中既含有静电去除成分又含有交通膜去除成分。但与分别使用这些清洗剂所应用的原理和使用时的注意事项都是一样的。

2.1.2 车身清洗剂添加剂

2.1.2.1 表面活性剂

表面活性剂是一类加入少量就能显著降低液体表面张力的物质，其性质的差异除与基团大小、形状有关外，主要与亲水基在溶液中的带电性不同有关。因而表面活性剂的分类一般是以其亲水基的结构为依据的，它是清洗剂中不可缺少的成分。清洗剂的主要成分是表面活性剂。表面活性剂在水基抛光剂中主要起分散和乳化作用，降低油水界面张力，使乳液混合稳定，不分层。在配方中至少要使用一种表面活性剂，最好是使用复合表面活性剂，根据所制乳状体的性质及表面活性剂的亲水亲油平衡值选择合适的表面活性剂。

要使光亮剂成为均匀稳定的乳液，必须在体系中加入合适的乳化剂，其目的是降低界面自由焓。当向一定比例的油水体系中加入不同亲油亲水基的表面活性物质后，就会显著降低界面的自由焓和油水界面的表面张力，表面活性物质在体系中形成胶束，即使对不溶于水的物质亦具有将该物质增溶、乳化及分散的作用。一般情况下，选用复配表面活性剂作为油水乳化剂，可使光亮剂均匀、稳定、不分层，并具有抗尘性质。选用阳离子乳化剂（或表面活性剂）为汽车漆提供附加的离子结合强度，这种结合力比氢键或范德华力都要强，以阳离子蜡或有机硅乳液为基础的车蜡配方能够使漆膜赋予高光泽、高防水性（水珠）和高耐久性。

（1）阴离子表面活性剂

阴离子表面活性剂的分子结构中，亲水基主要是钠盐、钾盐等水溶性盐类，憎水基主要是烷基、烷基苯。阴离子表面活性剂的清洗性随温度升高而改善，加碱有利于增加清洗力，价格相对较低。目前广泛使用的阴离子表面活性剂主要包括烷基羧酸盐（皂类，如月桂酸、棕榈酸、硬脂酸、椰子油酸、脂肪酸盐）、直链烷基苯基硫酸钠（LAS，如十二烷基苯基磺酸钠）、聚α-烯烃磺酸盐（AOS，α-烯烃与三氧化硫和空气进行磺化、中和反应的产物）、二烷基硫代琥珀酸酯（如硫代琥珀酸C5~C18的碱金属盐或铵盐）、如十二烷基硫酸钠（异辛基硫酸钠，十二烷基硫酸三乙醇胺，辛基硫酸钠）、磷酸酯（磷酸单酯、双酯或其混合物，其中，磷酸酯中的酸性基团用碱金属氢氧化物、氨或有机胺、烷醇胺等中和）。

其中，烷基苯磺酸钠是磺酸盐型表面活性剂中使用最广泛的一类物质，是清洗剂中使用最多的原料。它易溶解于水，具有良好的去污力、渗透力和发泡力，综合清洗性能优越。阴离子表活性剂主要起去污、乳化作用，提供优良、柔软光滑的泡沫以及良好的泡沫稳定性，作用是清除汽车表面的泥土和油脂，使汽车外表面易于润湿，可用水完全冲洗掉。

表2-1　阴离子表面活性剂和非离子表面活性剂的分类

类型	亲水基类型	通用结构式	代表性表面活性剂
阴离子表面活性剂	羧酸型	$R-COO-Na^+$	油酸钠、钾皂、K12、AES、烷基苯磺酸钠
	硫酸酯盐	$R-OSO_3-Na^+$	
	磺酸盐	$R-SO_3-Na^+$	
	磷酸酯盐	$R-OPO_3-Na^+$	
非离子表面活性剂	聚氧乙烯型	$R-O(CH_2CH_2O)NH$	平平加O-10、OP-10、6501、司盘、吐温系列、聚醚系列，AEO系列
	多元醇型	$R-COOCH_2C(CH_2OH)_3$	
	环氧乙烷-环氧	$R-O(C_3H_6O)m-(C_2H_4O)$	
	内烷共聚物	$n-O(C_3H_6O)p-H$	

（2）阳离子表面活性剂

阳离子表面活性剂的主要作用是提供蜡和有机硅膜以与汽车表面黏合，同时起到抗静电作用。

阳离子表面活性剂主要是季铵盐类，主要包括二烷基二甲基铵（如二椰油基二甲基氯化铵、二硬脂基二甲基氯化铵等）、烷基苯基二甲基氯化铵（如椰油基苯基二甲基氯化铵、硬脂基苯基二甲基氯化铵等）、烷基三甲基氯化铵（如十六烷基三甲基氯化铵、十四烷基三甲基溴化铵等)。有机胺、乙氧基脂肪胺或松香胺、酰胺、季铵盐等两性乳化剂也可包含在阳离子乳化剂范围内，因为pH<7时两性表面活性剂呈现出阳离子的特性，如甜菜碱型、咪唑啉型乳化剂。两性表面活性剂性能温和，在不同pH值范围呈现不同性质。

典型的胺阳离子乳化剂有脂肪酸和松香酸衍生胺，如氢化牛脂胺、硬脂基胺、月桂胺等，工业上常用的是醋酸、油酸或萘酸盐。其他适宜的胺阳离子乳化剂包括具有通式R-$NHCH_2$、CH_2CH_2、NH_2的N-烷基三亚基胺。式中，R=椰子油、牛脂油和大豆油等衍生的烷基；2-烷基咪唑啉包括十七烷基咪唑啉，1-氨乙基-2-烷基咪唑啉。乙氧基脂肪胺或松香胺是用2~50mol环氧乙烷反应获得的椰子油胺、大豆胺或硬脂胺。

酰胺为脂肪酸与二胺或多胺的缩合产物，如二乙烯三胺硬脂酸、油酸、椰油酸、牛脂酸的缩合产物。

最好的阳离子乳化剂是脂肪胺或松香胺，如氢化牛脂胺；乙氧基化松香胺，如N,N-双(2-羟乙基)大豆油胺以及盐类，盐类最好是醋酸盐。阳离子乳化剂的加入量通常为0.3%~0.7%(质量分数)。

此外，氧化胺、季铵盐类阳离子表面活性剂作为杀菌剂和缓蚀剂的使用也较为广泛。两性表面活性剂因价格相对较高，使用还不够普遍，但因其具有某些特殊性能而有使用增多的趋势。

阴离子和阳离子表面活性剂兼容性较差，彼此之间经常生成不溶性盐，配制过程比较困难，只有少部分可复配使用。

（3）非离子表面活性剂

非离子表面活性剂具有去污、乳化、增溶作用。非离子表面活性剂和阳离子表面活性剂可复配。非离子表面活性剂分子结构中的亲油基团与离子表面活性剂大致相同，但亲水基一般是由含羧基或醚键的化合物组成的。由于羧基和醚键的亲水性较弱，因此，分子中必须含有多个此类基团，才能表现出一定的亲水性。非离子表面活性剂在水溶液中不电离，清洗性较强，临界胶束浓度（CMC）较低，发泡性较小，稳定性高，对酸、碱和硬水稳定，与其他表面活性剂的配伍性好，在水和有机溶剂中皆有较好的溶解性能，便于和其他表面活性剂复配使用。由于这些表面活性剂有较低的临界胶束浓度和抗污垢再沉积能力，因而具有高清洗活性、优良的清洗性能。

目前，用量较大的非离子表面活性剂的种类主要包括烷氧基醇、脂肪酸多元醇、脂肪酸聚亚乙氧基酯（聚乙二醇酯）、脂肪酰胺、聚氧乙烯脂肪酰胺、聚氧基嵌段共聚物、乙氧基烷基硫醇、乙氧基失水山梨醇酯以及烷基聚糖等。烷氧基醇包括用环氧乙烷进行乙氧基化得到的C6～C18直链和支链醇（如乙氧基十二烷基醇、乙氧基十八烷基醇以及乙氧基C6～C18醇）、烷氧基天然醇（主要有乙氧基丙氧基松油、乙氧基大豆甾醇等）。

脂肪酸多元醇主要有饱和脂肪酸单甘酯（如月桂酸单甘酯、椰油酸单甘酯、牛脂酸单甘酯、硬脂酸单甘酯等）、饱和脂肪酸二甘酯（如油酸单干、蓖麻酸单干脂等）、不饱和脂肪酸二甘酯（如油酸二甘酯、甘油二亚油酸酯等）、脂肪酸乙二醇酯（如丙二醇单硬脂酸酯、乙二醇单硬脂酸酯、乙二醇单月桂酸酯、乙二醇单油酸酯、二乙二醇单硬脂酸酯等）、失水山梨醇脂肪酸酯（如硬脂酸、棕榈酸或油酸与1,4–山梨聚糖反应生成的单山梨醇酯、二山梨醇酯、三山梨醇酯）。

脂肪酸聚乙二醇酯有脂肪酸聚乙二醇单、双酯，其中，乙二醇链段含有5～30个乙氧基，脂肪酸包括硬脂酸、月桂酸、油酸以及椰子油、蓖麻油、妥尔油等天然油脂衍生的混合脂肪酸。

脂肪酰胺主要包括二乙醇胺脂肪酸缩合产物，如椰油基二乙醇胺、月桂基二乙醇胺、月桂基单乙醇胺、硬脂基单乙醇胺、油基单乙醇胺等。

聚氧乙烯脂肪配胺主要是具有2～50个环氧基的单烷醇酰胺或二烷醇酸胺，包括乙氧基肉豆蔻基单乙醇酰胺、乙氧基油酸基二乙基醇酸胺等。

聚氧基嵌段共聚物包括环氧乙烷、环氧丙烷与乙二醇、丙二醇，三羟甲基丙烷的共聚物，具有直链或支链结构，依初始原料是2个还是3个羟基而定。

乙氧基烷基硫醇包括直链和支链烷基硫醇，如十二烷基硫醇。

乙氧基失水山梨醇酯分为乙氧基硬脂酸、乙氧基棕榈酸或乙氧基油酸与1,4–山梨聚糖反应生成的单山梨醇酯、二山梨醇酯和山梨醇酯。

比较适宜的非离子表面活性剂是脂肪酸烷醇酰胺，如椰油酸二乙醇酰胺（国内命名为6501）、大豆油酸二乙醇酰胺，或者是上述酰胺混合物。

常用表面活性剂商品名称、规格及性能见表2–2。

表2–2　常用表面活性剂商品名称、规格及性能

商品名称		化学名称	外观	规格（%）	性能、特点应用
阴离子	AES	脂肪醇聚氧乙烯醚硫酸钠	膏状	70	优良的去污、乳化和发泡性能，做香波、浴液、餐洗等发泡剂和洗涤剂
	AES–A	脂肪醇聚氧乙烯醚硫酸铵	膏状	70 25	低刺激性，优良的去污、乳化和发泡性能，做香波、浴液、餐洗等发泡剂和洗涤剂
	AOS	α–烯基磺酸钠	粉状	93	用于轻垢洗涤剂、洗手剂、香波、液体皂液及油田助剂

续表

商品名称		化学名称	外观	规格（%）	性能、特点应用
阴离子	K12	烷基硫酸钠	针状粉状	90	优异的去污性能，做发泡剂、乳化剂
	K12-A	烷基硫酸铵	膏状	70 25	低刺激性的优良去污性能，做发泡剂、乳化剂
	MAPK	十二烷基磷酸酯钾盐	液体	30	优良的乳化、分散、洗涤性，温和无刺激，配伍性好
	LSN-30	N-月桂酰基氨酸钠	液体	30	优良的乳化、分散、洗涤性，温和无刺激，配伍性好
	MES	脂肪醇聚氧乙烯醚磺酸琥珀酸二钠盐	液体	30	温和的表面活性剂，具有去污洗涤作用
阳离子	CDL	阳离子咪唑啉	膏状	40	抗静电剂
	1834	十八烷基三甲基氯化铵	膏体	70	抗静电剂
	1631	十六烷基三甲基氯化铵	膏体	70	抗静电剂
	DC-90	三十六烷基甲基化铵	粉状	95	抗静电剂

续表

商品名称		化学名称	外观	规格(%)	性能、特点应用
非离子	APG	烷基糖苷	液体	40	温和的、可生物降解的表面活性剂
	6501	椰油酰二乙醇胺	液体	100	良好的增稠稳泡剂，去污，用于液洗产品
	TX-10	壬基酚聚氧乙烯醚	液体	99	具有乳化、润湿、去污作用；在较宽的pH值和温度范围稳定，用于各种洗涤剂
	AEO系列	天然脂肪醇聚氧乙烯醚	液体	99	洗涤剂、乳化剂、脱脂剂，用于各类工业清洗
	CAB	烷基丙基甜菜碱	液体	35	优良的去污、柔软、抗静电、增稠及稳泡性，手感温和，抗硬水性好，广泛应用于各类液洗产品
	COA	十二烷基二甲基氧化铵	液体	30	优良的去污、柔软、抗静电、增稠及稳泡性，手感温和，抗硬水性好，可有效降低刺激并具有杀菌作用
	DSB	磺基甜菜碱	液体	30	温和的表面活性剂，具有增稠、稳泡作用，具有去污洗涤作用

2.1.2.2 溶剂

溶剂连同表面活性剂等添加剂共同对污垢起作用，达到清洗除垢的目的。溶剂主要有水基和油基两种，水基溶剂主要是水，油基溶剂主要包括以下类别。

（1）酯类溶剂

酯类的特点是毒性较小，有芳香气味，不溶于水，可以溶解脂类，因此可用作油脂的溶剂。常用于油污清洗的酯类溶剂有乙酸甲酯、乙酸乙酯、乙酸丙酯等。

（2）烃类溶剂

包括烷烃和芳香烃类。烷烃类溶剂，如己烷或环己烷是典型的非极性溶剂，具有低沸点、易燃烧、低毒等特点，能溶解各种烃、卤代烃、油脂，不溶于水，易溶于乙醇，常用于精密仪器的清洗。芳香烃溶剂主要包括苯、甲苯、二甲苯，对油溶性污垢的溶解能力很强；缺点是毒性很强，会造成大气污染与光化学烟雾，易燃烧和爆炸，因环保要求越来越高，目前已受到很大限制。汽油、煤油以及松节油等也有使用。由于单一溶剂的价格较高，因而使用较多的是混合溶剂。

（3）卤代烃

代表性产品是二氯甲烷和三氯甲烷。二氯甲烷特点是低沸点，易挥发，脱脂能力强，常用于精密机械零件的清洗以及涂层和树脂漆的剥离。在许多场合代替三氯二氟乙烯使用。以氯氟烃为代表的溶剂，如1,1,2−三氯−1,2,2−三氯乙烷、CFC−113等，因具有毒性低、不易燃、高挥发速度、挥发后低残留、操作温度范围宽、与塑料或金属有良好的兼容性等优异性能和极佳的性价比而广泛用于电子设备的清洗。然而，由于氯氟烃能破坏臭氧层，因此，在全世界范围内对氯氟烃的使用从法律上进行了限制。

（4）醚类

主要是指由乙二醇衍生的化合物，如乙二醇单甲醚、乙二醇单乙醚、乙二醇单丁醚（亦称作丁基溶纤剂）。它们具有良好的脱脂能力，对高分子树脂有很强的溶解能力。一般作为清洗剂和涂料的剥离剂。但切记不能用于汽车表面常规洗涤剂中。

（5）其他

包括酮类（如环己酮、甲乙酮等）、醇类（如一元醇、二元醇和多元醇等）。

2.1.2.3 清洗助剂

清洗助剂的作用在于提高和改善表面活性剂的综合性能，如软化水质，促进固体、半固体污垢分散，提高去污能力，自动调节清洗液值，保证清洗液在一定的碱性条件或溶剂环境下起作用，促进清洗剂胶束的形成，降低临界胶束浓度，延长清洗液使用寿命等。

（1）无机助剂

① 磷酸盐。包括磷酸三钠、磷酸氢二钠和三聚磷酸盐、焦

磷酸盐等。磷酸三钠又称正磷酸钠，在配方中它能增加清洁剂溶液的润湿能力，有一定的乳化能力，其水溶液碱性强，在清洁剂中用量不能太多。在清洁剂配方中，三聚磷酸盐是重要的助洗剂，用量较大。它对油脂有一定的乳化作用，对固体污垢有分散作用，对污垢中的蛋白质有膨胀和增溶作用，对重金属离子有良好的螯合作用，可将重金属离子封闭，消除其对清洗的不利影响。此外，在清洗过程中，它能捕捉污垢中的各种金属成分，使污垢解离。三聚磷酸钠也有一些缺点，含磷物质和有害物质越来越多地以化肥、人类粪便、水土流失以及含磷洗衣粉等形式排入天然水域。流入水中的磷有加速水中藻类生长的作用，藻类的大量生长消耗了水中的氧，使鱼类、浮游生物由于缺氧而死亡，它们的死亡尸体腐烂又会造成水质污染。因此，国内外环境保护部门提出了禁用含磷洗衣粉的倡议。但是目前尚未找到一种能完全替代三聚磷酸钠的理想洗涤助剂。

不含三聚磷酸钠的洗涤剂称“无磷洗涤剂”，现在普遍使用4A沸石代替。沸石有天然沸石和合成沸石两种。用作洗涤助剂的是合成沸石，它具有吸附量大、吸附速度快及细孔均匀规则等优点。合成沸石含有对阳离子有选择性吸附交换作用的钠离子。在4A沸石分子筛结晶铝硅酸盐孔穴中，可相对自由移动的钠离子可与Ca^{2+}、Mg^{2+}及其他金属离子进行交换，所以能起到软化硬水的作用，并使水显碱性。沸石还有吸附污垢粒子、促进污垢聚集、增强洗涤剂去污效果的作用。4A沸石在洗涤中具有较好的助洗性能与配伍性，对人体无毒，使用安全，不会危害环境，不溶于水，因此易于漂洗去除，是磷酸盐的合适代用品，也是国内外无磷洗涤剂中使用较多的助洗剂。缺点是不溶于水，价格较高，对油脂也没有乳化作用。

焦磷酸钾的性质与焦磷酸钠相似，溶解度较大，不溶于乙醇，常用于液体产品中。

② 碱性物质。附着在金属表面的油脂，大体上可分为动、植物油和矿物油脂。前者和苛性钠、碳酸钠加热时会发生皂化反应，生成高级脂肪酸的钠盐和甘油。这些产物溶于水，其中，碱皂是极性分子，极性端被水所吸引，非极性端被油所吸引。因此，溶液的表面张力降低，油和溶液完全接触，溶液可以渗透到油的内部，油脂膨胀并被溶液润湿，从而使它和金属间的附着力减小，最后变成微小的颗粒而分散在溶液中发生乳化。此外，碳酸钠用作助剂时，能将水中的钙、镁及其他金属离子转化为难溶的碳酸盐沉淀下来，从而使水软化，故可取代三聚磷酸钠。但由于碳酸钠螯合和分散能力较差，故作用不如三聚磷酸钠，而且对人体皮肤和眼睛有刺激性。

③ 硅酸钠。能与钙、镁等金属离子形成沉淀物而软化水，使脱离固体表面的污垢悬浮于清洗剂溶液中，或稳定在悬浮系统中，防止其在被清洗时再附着到车体表面，提高清洗剂的去

污能力。硅酸钠具有很好的润湿和乳化性能，对玻璃和瓷釉表面的润湿作用尤其显著，特别适合作硬表面清洗剂的助剂。此外，硅酸钠还具有维持溶液碱性的缓冲效果，使溶液的pH值几乎维持不变，对钢铁有良好的防锈作用。

（2）有机助剂

在清洗剂的配方中，加入的有机助剂虽然用量较无机助剂少得多，但所起的作用并不亚于无机助剂。按照有机助剂在清洗剂和清洗过程中所起的作用，可分为增溶剂、螯合剂、抗再沉积剂、增稠剂等。

① 增溶剂。加入增溶剂可使全部清洗剂原料都处于溶解均一状态。常用的增溶剂有尿素、甲苯、二甲苯、对异丙基苯的磺酸钠和磺酸钾等。磷酸酯类表面活性剂也有增溶的效果。在生产粉状清洗剂时，增溶剂可增加粉状的流动性和起到抗结块的作用；在生产液态洗涤剂时，可增加固体物的溶解能力，防止分离。

② 抗再沉积剂。在清洗过程中，黏附于被清洗表面的污垢被清洗下来后，还可能重新附着。在清洗剂中加入抗再沉积剂可防止此类现象的发生。抗再沉积剂主要有羧甲基纤维素、聚乙烯基吡咯烷酮、聚乙二醇等。

③ 增稠剂。提高膏状清洗剂的黏度。常用的增稠剂有羧甲基纤维素（钠）、羧乙烯聚合物和羧乙基纤维素等。

④ 其他。根据实际操作的需要，在清洗剂中还可以分别加入一定的溶剂、酶制剂及皮肤保护剂等。

（3）摩擦剂

摩擦剂的作用是增加与清洗表面的接触和摩擦，主要的摩擦剂有硅藻土、氧化硅、骨粉等。

2.1.3 车身清洗剂的类型与性能

2.1.3.1 不脱蜡清洗剂

当汽车进行不脱蜡清洗时应选用不脱蜡清洗剂。这种洗车液是近年来国内外正在推广使用的水系清洁剂，其配方基本不含碱性盐类，pH值为7.0，呈中性，主要成分是类型不一的表面活性剂，是车身日常清洁的首选洗车液。该清洗剂具有很强的分解能力，能够有效去除车身漆面的油污和尘垢之类的污物，具有性质温和、不腐蚀漆面、液体浓缩（使用时按比例加水稀释）、泡沫丰富、使用方便且经济实惠等特点。不脱蜡清洗剂的名称很多，又称汽车香波、清洁香波，有的只称洗车液。

2.1.3.2 脱蜡清洗剂

当新车需要开蜡或旧车需要重新上蜡时应使用脱蜡清洗剂对汽车进行清洗。这类清洗剂含柔和性溶剂，具有较强的溶解功能，不仅可以去除车身油垢，而且能把以前的蜡洗掉。现在汽车美容行业主要采用有机溶剂系的清洗剂，其有机溶剂含量较高，对于去除油脂、油污及其他杂质具有很好的效果。这类溶剂一般有分解力强、不易燃烧、毒性小、便于操作、挥发快、对工件无腐蚀、价廉等特点。主要用于大型美容护理前的车身清洁。

2.1.3.3 二合一清洗剂

“二合一”即清洁、护理合二为一，既有清洗功能，又有上光功效。可以满足快速清洗兼上光的要求。此产品主要由多种表面活性剂配制而成，上光成分是一种具有独特配方的上光剂，它可以在清洗作业中，在漆面形成一层膜，增加车身的鲜艳程度，抗静电，有效保护车漆。二合一清洗剂适用于车身比较干净的汽车，洗车后直接用毛巾擦干，再用麂皮巾轻轻抛光。

2.1.3.4 专用清洗剂

当车身有沥青、焦油、鸟粪等污物时，须用专用清洗剂方可清除。清洗时，应根据污物的种类选用合适的专用清洗剂。

（1）焦油沥青去除剂

该清洗剂具有很强的乳化分解能力，通过软化功能可去除附着在车体和镀铬表面的焦油、沥青等污垢。具有品质温和，对漆面、塑胶无腐蚀等特点。

（2）树胶清洗剂

该清洗剂以其特有的软化功能，使鸟粪、树胶与漆面“脱离”，最大限度地防止对车漆造成伤害。

（3）电脑洗车机用高泡香波

电脑洗车机用高泡香波pH值为7.0，呈中性，是一种超浓缩高泡清洗剂，具有强力清洗功能，丰富的泡沫起到较好的润滑作用，可有效延长设备使用寿命。

（4）电脑洗车机用上光香波

作为电脑洗车的最后工序使用，它不仅可加快汽车表面的除水干燥过程，而且清洗之后无任何斑点，在汽车漆面留下一层光亮的膜。

2.1.4 车身清洗剂的配方及制备

【配方2-1】免擦车用洗涤剂

参考配方

表2-3 免擦车用洗涤剂参考配方（组分A）

组分	质量分数（%）	组分	质量分数（%）
K12	8	乙醇	10
AES	5	OEP-70	4
AEO-9	10	去离子水	余量
氢氧化钠	3		

表2-4 免擦车用洗涤剂参考配方（组分B）

组分	质量分数（%）	组分	质量分数（%）
AEO-9	2	香精	0.15
Skysoft®EMU60（上光剂）	3	去离子水	余量

制备方法

组分A：在水中一次加入各类表面活性剂及OEP-70，将物料完全溶解后停止加热并补足余量水，冷却至45℃后，加氢氧化钠搅拌，最后加溶剂，搅拌均匀即可。

组分B：先将AEO-9溶于水中，搅拌均匀，依次加入上光剂、颜料和香料搅拌均匀。

使用方法

先将组分（A）喷在汽车表面，3～5min后喷组分（B），待污垢脱落时，用水枪喷射洗涤。

用途特性

使用过程中因无须擦洗，不会造成细小的硬污垢划伤车面的问题，对车身无损伤，清洗上光一次完成。

Skysoft®EMU60是一种非离子有机硅光亮剂，可提高使用后汽车表面光亮度。其稀释稳定性好。

【配方2-2】车身洗涤剂1

参考配方

表2-5　车身洗涤剂参考配方1

组分	质量分数（%）	组分	质量分数（%）
烷基苯磺酸	10～20	巴西棕榈蜡	0.5～2
6501	1～5	氢氧化钠	2～4

续表

组分	质量分数（%）	组分	质量分数（%）
OP−10	2 ~ 8	EDTA−4Na	0.5
琥珀酸二异辛酯磺酸钠	2 ~ 8	水	余量
OEP−70	2 ~ 10	香精	适量
有机硅乳液	0.5 ~ 2		

制备方法

加入烷基苯磺酸后再加碱中和反应得前处理料；在前处理料中加入其他表面活性剂、有机硅乳液、巴西棕榈蜡以及水，升温至50 ~ 85℃进行搅拌乳化，得乳化液；在38 ~ 60℃的乳化液中加入EDTA搅拌均匀后再加入香精搅拌均匀即成。

使用方法

首先摇匀洗车液，然后按1：50配比后存放于喷液罐内，配合雾化喷枪，喷出雾状液体。直接用喷液均匀喷洒在车身上，重点注意轮毂、死角。配合专用的喷液罐和喷枪使用能够清洗到车身的各个角落，做到360° 全方位无死角洗车。喷液之后无须等待，直接用高压扇形水枪自上而下冲洗车辆。配合高压冲洗机冲洗，真正实现了免擦拭、无接触、零划痕洗车，也免去了店主与车主之间的纠纷。

用途特性

使用本洗车液兑好相应比例的水后直接喷洒于车身，省去了原来洗车需要先喷水再打泡沫的流程，能够避免打好泡沫擦拭汽车表面时留下刮痕；使用方便，节约人工和用水量，提升洗车效率，免擦拭洗车液将人工无法处理到的车胎、轮缝等死角的污垢溶解并悬浮，用高压水枪冲洗后车身光亮如新。对于车头部位附着的很多高速公路上撞死的蚊虫等附着物（最难清洗的污物），传统的泡沫洗车方式需要洗车工人用毛巾或者海绵擦拭，本洗车液能深层分解污垢，在高压水枪的作用下，污垢一扫而光；清洗后，洗车液内的蜡成分在车身表面形成保护膜，使车身光亮如新。

【配方2-3】车身洗涤剂2

参考配方

表2-6　车身洗涤剂参考配方2

组分	质量分数（%）	组分	质量分数（%）
EDTA-4Na	3 ~ 5	OP-10	5
液体硅酸钠	4 ~ 5	AS	3
烷基苯磺酸	10 ~ 15	去离子水	余量

制备方法

充分混合均匀，密封包装。

使用方法

兑水后用抹布或喷枪洗涤，或作为自动洗车房的洗涤剂。

用途特性

产品为液体洗涤剂，使用方便，洗涤性好。

【配方2-4】车身洗涤剂3

参考配方

表2-7　车身洗涤剂参考配方3

组分	质量分数（%）	组分	质量分数（%）
烷基苯磺酸钠	10	EDTA-4Na	10
AEO-9	10	碳酸氢钠	35
三聚磷酸钠	12	硫酸钾	23

制备方法

混合均匀成粉状。

使用方法

兑水后用抹布或喷枪洗涤，或作为自动洗车房的洗涤剂。

用途特性

表面活性剂、助剂复配的洗涤剂，去污能力强，清洁效果好。

【配方2-5】车身洗涤剂4

参考配方

表2-8　车身洗涤剂参考配方4

组分	质量分数（%）	组分	质量分数（%）
LAS	5	柠檬酸钠	5
TX-10	15	去离子水	余量
三乙醇胺	3	卡松	0.5

制备方法

充分混合均匀，密封包装。

使用方法

兑水后直接喷射到车上，可用抹布和海绵或洗车房轮刷刷洗、擦洗。

用途特性

这是一种轿车用喷射洗涤浓缩剂，洗涤性及泡沫性好。

【配方2-6】无磷浓缩车身清洗剂

参考配方

表2-9　无磷浓缩车身清洗剂参考配方

组分	质量分数（%）	组分	质量分数（%）
AEO-7	12	TEA	1.5

续表

组分	质量分数（%）	组分	质量分数（%）
LAS	8	卡松	0.3
AES	8	EDTA-4Na	2
JFC	4	去离子水	余量

制备方法

在带搅拌器的釜中先加入去离子水，在搅拌下按比例投入AEO-7、LAS、AES、JFC、TEA搅匀后再加EDTA-4Na和卡松，即可包装为成品。

使用方法

使用时，将本品用毛刷涂于要清洗的汽车外壳表面，稍等片刻，然后用清水冲洗干净。

用途特性

这是一种无磷环保洗涤剂。洗涤力、去污能力强，清洁效果好。

【配方2-7】车身洗涤剂5

参考配方

表2-10　车身洗涤剂参考配方5

组分	质量分数（%）	组分	质量分数（%）
AEO-3	8	碳酸钠（99%）	6

续表

组分	质量分数（%）	组分	质量分数（%）
TX-10	2	三乙醇胺	1
异丙醇	5	EDTA-4Na	1
偏硅酸钠	3	去离子水	余量

制备方法

在常温下将称量好的AEO-3、TX-10加入去离子水中，慢慢搅拌，充分混合均匀，慢慢加入碳酸钠、偏硅酸钠和EDTA-4Na，待全部固体物料溶解后加入三乙醇胺和异丙醇，注意在加入物料完全溶解后，再进行下一步操作。搅拌混合约半小时后停止，静置半小时，然后通过真空过滤上层清液，底料下次使用，密封包装。

使用方法

兑水后用抹布或喷枪洗涤，或作为自动洗车房的洗涤剂。

用途特性

这是一种非离子表面活性剂和溶剂复配的洗涤剂，性能温和，洗涤性好。

【配方2–8】防静电车身洗涤剂

参考配方

表2–11 防静电车身洗涤剂参考配方

组分	质量分数（%）	组分	质量分数（%）
十二烷基苯磺酸钠	20	十二烷基二甲基甜菜碱	2
脂肪醇聚氧乙烯醚磷酸钠	4	防腐剂	0.2
EDTA–2Na	1.5	去离子水	余量

制备方法

充分混合均匀，密封包装。

使用方法

用抹布或喷枪洗涤，或作为自动洗车房的洗涤剂。

用途特性

这是具有抗静电和清洗效果的洗车液，复配的防静电剂，具有良好的导电性，可去除静电层。

【配方2–9】车身清洗剂1

参考配方

表2–12 车身清洗剂参考配方1

组分	质量分数（%）	组分	质量分数（%）
烷基苯磺酸钠	16.5	硅酸钠	5

续表

组分	质量分数（%）	组分	质量分数（%）
脂肪醇聚氧乙烯醚	2.5	防腐剂	0.2
三聚磷酸钠	0.1	去离子水	余量

制备方法

充分混合均匀，密封包装。

使用方法

用抹布或喷枪洗涤，或作为自动洗车房的洗涤剂。

用途特性

这是非离子表面活性剂和两性表面活性剂复配的洗涤剂，具有良好的清洗效果。

【配方2-10】车身清洗剂2

参考配方

表2-13　车身清洗剂参考配方2

组分	质量分数（%）	组分	质量分数（%）
脂肪醇硫酸钠	10	烷基醇酰胺	2.5
醇醚硫酸钠盐	5	K12	2
烷基酚聚氧乙烯醚	5	去离子水	余量

制备方法

将去离子水加热至45～60°C，然后将各原料依次加入，搅拌均匀，然后过滤，密封包装。

使用方法

用抹布或喷枪洗涤，或作为自动洗车房的洗涤剂。

用途特性

本产品主要包括以下几种组分。脂肪醇硫酸钠，是阴离子表面活性剂，对碱、弱酸和硬水很稳定。烷基酚聚氧乙烯醚，是非离子表面活性剂，中性，溶于各种硬水，在冷水中比在热水中的溶解度大，耐碱、酸，对盐类也很稳定，具有助溶、乳化、润湿洗涤、去油污净洗等作用。醇醚硫酸盐，阴离子表面活性剂，pH值在6～8之间，在洗涤中起脱脂、去污效果。烷基醇酰胺，非离子表面活性剂，在洗涤中起助剂润滑作用。K12可以提供丰富的泡沫。各种组分可调整添加比例。本品性能温和，去污力强，泡沫丰富，不伤车，不伤手，对人体无害。

【配方2-11】有机氟车身清洗剂

参考配方

表2-14　有机氟车身清洗剂参考配方

组分	质量分数（%）	组分	质量分数（%）
皂基（钾）	2	6501	0.5

续表

组分	质量分数（%）	组分	质量分数（%）
十二烷基苯磺酸	2	柠檬酸钠	10
AEO	1.5	三聚磷酸钠	5
CMC	1	硅酸钠	10
氢氧化钠（10%）	2	4- 氯基 -3,5- 二氯 -6- 氟吡啶 -2- 一氧乙酸钠（10%）	0.06
去离子水	余量		

制备方法

充分混合均匀，密封包装。

使用方法

用抹布或喷枪洗涤，或作为自动洗车房的洗涤剂。

用途特性

将适量的微量有机氟表面活性剂与烃类表面活性剂通过科学、合理的复配，可改善洗涤剂品质，又能降低对原材料的消耗，使成品成本下降。此洗涤剂是非离子表面活性剂和两性表面活性剂复配的洗涤剂，具有良好的清洗效果。

【配方2-12】车身清洗剂3

参考配方

表2-15　车身清洗剂参考配方3

组分	质量分数（%）	组分	质量分数（%）
十二烷基硫酸钠	7	聚氧乙烯基硫酸钠	5
松香高分子表面活性剂	1	去离子水	余量
EDTA	0.5	氢氧化钠	0.24
聚氧乙烯醇	1		

制备方法

充分混合均匀，密封包装。

使用方法

用抹布或喷枪洗涤的洗涤剂。

用途特性

这是非离子表面活性剂和两性表面活性剂复配的洗涤剂，具有良好的清洗效果。

【配方2-13】车身清洗剂4

参考配方

表2-16　车身清洗剂参考配方4

组分	质量分数（%）	组分	质量分数（%）
氢氧化钾	2.5	三聚磷酸钠	10

续表

组分	质量分数（%）	组分	质量分数（%）
水杨酸	3	硅酸钠	4
仲烷基硫酸盐	10	去离子水	余量
斯盘 80	4		

制备方法

充分混合均匀，密封包装。

使用方法

用抹布或喷枪洗涤，或作为自动洗车房的洗涤剂。

用途特性

这是具有良好的清洗效果的洗车液。

【配方2-14】车身清洗剂5

参考配方

表2-17　车身清洗剂参考配方5

组分	质量分数（%）	组分	质量分数（%）
N-乙酰-酪氨酸	10	月桂醇聚氧乙烯醚	10
椰子油酰二乙醇胺	2	乙二醇双硬脂酸酯	2
乙醇	5	去离子水	余量

制备方法

充分混合均匀，密封包装。

使用方法

用抹布或喷枪洗涤，或作为自动洗车房的洗涤剂。

用途特性

这是具有良好的清洗效果的洗车液。

【配方2-15】车身清洗剂6

参考配方

表2-18　车身清洗剂参考配方6

组分	质量分数（%）	组分	质量分数（%）
尿素	3	香精	0.3
月桂醇聚氧乙烯醚硫酸钠	12	去离子水	余量
十二烷基苯磺酸钠	2		

制备方法

充分混合均匀，密封包装。

使用方法

用抹布或喷枪洗涤，或作为自动洗车房的洗涤剂。

用途特性

这是具有良好的清洗效果的洗车液。

【配方2-16】车身清洗剂7

参考配方

表2-19　车身清洗剂参考配方7

组分	质量分数（%）	组分	质量分数（%）
烷基苯磺酸钠	7	三聚磷酸钠	5
烷基磺酸钠	13	酒精	2
脂肪醇聚氧乙烯醚硫酸钠	1	去离子水	余量
尿素	5		

制备方法

充分混合均匀，密封包装。

使用方法

用抹布或喷枪洗涤，或作为自动洗车房的洗涤剂。

用途特性

这是具有良好的清洗效果的洗车液。

【配方2-17】车身清洗剂8

参考配方

表2-20　车身清洗剂参考配方8

组分	质量分数（%）	组分	质量分数（%）
脂肪醇聚氧乙烯醚	5.5	二甲苯磺酸钠	2

续表

组分	质量分数（%）	组分	质量分数（%）
烷基苯磺酸钠	10	乙醇	1.2
脂肪醇聚氧乙烯硫酸盐	3	EDTA-2Na	0.5
脂肪酸二乙醇胺	3	去离子水	余量

制备方法

充分混合均匀，密封包装。

使用方法

用抹布或喷枪洗涤，或作为自动洗车房的洗涤剂。

用途特性

这是具有良好的清洗效果的洗车液。

【配方2-18】车身清洗剂9

参考配方

表2-21 车身清洗剂参考配方9

组分	质量分数（%）	组分	质量分数（%）
直链烷基苯磺酸钠	20	聚丙二醇	5
十四烷基聚氧乙烯醚硫酸钠	5	乙醇	5
十二烷基聚氧乙烯醚	3	去离子水	余量

制备方法

充分混合均匀，密封包装。

使用方法

用抹布或喷枪洗涤，或作为自动洗车房的洗涤剂。

用途特性

这是具有良好的清洗效果的洗车液。

【配方2-19】车身清洗剂10

参考配方

表2-22　车身清洗剂参考配方10

组分	质量分数（%）	组分	质量分数（%）
二氯五氟丙烷	97.5	十二烷基硫酸钠	1
二甲硅油	1	脂肪醇聚氧乙烯醚	0.5

制备方法

充分混合均匀，密封包装。

使用方法

用抹布或喷枪洗涤。

用途特性

制备简单。成品实用性好，去污能力强，清洗后可在漆面形成保护膜。

【配方2-20】高效车身光亮清洁剂

参考配方

表2-23　高效车身光亮清洁剂参考配方

组分	质量分数%	组分	质量分数%
矿物油	25	聚乙二醇	2
二甲硅油	5	亚麻油	7
煤油	8	丙酮	39
乙酸丁酯	4	表面活性剂	10

制备方法

将各原料按配方混合，搅拌均匀，制成喷雾器。

使用方法

使用时，将本品直接均匀喷在已清除污泥、尘土并擦干的汽车表面，15min后用布擦亮。

用途特性

不仅具有上光功能，而且具有去污能力，可有效除去附着在汽车表面的各种污垢，使污染的车身更加光亮。

【配方2-21】高效环保型汽车高抛洗涤剂

原料配比（质量分数，%）

表2-24　高效环保型汽车高抛洗涤剂原料配比

原料	1号	2号	3号	4号	5号
十二烷基苯磺酸	10	5	15	6	13

续表

原料	1号	2号	3号	4号	5号
十二烷基硫酸钠（K12）	3.5	6.5	1	6	2.3
CAB−35	2.5	5.5	1	4.5	1.7
六偏磷酸钠	3	5	0.5	3.6	0.5
氯化钠	1.6	3.2	0.3	2.5	0.9
香精	0.4	0.5	0.1	0.35	0.15
去离子水	余量	余量	余量	余量	余量

制备方法

（1）按配比先将去离子水投入反应釜中，加热至60～70℃，不断搅拌后加入十二烷基苯磺酸、十二烷基硫酸钠、CAB−35，保温并搅拌1～2h，直到完全溶解，备用。

（2）把上述备用的原料降温至45～50℃，加入六偏磷酸钠、氯化钠、香精，同时要进行充分搅拌，溶解，混合均匀；继续降温至35～40℃即可得到成品。

产品应用

本品主要用于汽车的清洁养护。

使用方法

本品适用于高压泡沫机或PA壶，兑水稀释比例为1∶400。

产品特性

本品配方科学，性能优异，泡沫丰富而稳定，能附在车身表面，发挥清洁去污效果，对各种汽车漆面安全无腐蚀，成本低廉。本品高效、环保且去污能力强，配合大型专用免擦拭无划痕洗车机，无须擦洗，不伤及物体表面，对车漆起到了绝对性的保护作用，是理想的汽车清洁养护清洗剂。

【配方2-22】高效汽车清洗液

原料配比（质量分数，%）

表2-25 高效汽车清洗液原料配比

纳米氧化钛（10 ~ 80nm）	1
AEO-9	5
350 黏度二甲硅油	2
液体石蜡	2
硼酸水溶液（0.5%）	5
去离子水	85

制备方法

先将去离子水加入玻璃容器中加热，再加入AEO-9并不断搅拌，到75℃时，依次加入纳米氧化钛、350黏度二甲硅油、液体石蜡、硼酸水溶液，同时继续搅拌加热数分钟，待分散均匀后，停止加热和搅拌，自然冷却即可。

原料配伍

本品各组分质量分数配比范围为：纳米氧化钛0.9% ~ 1.1%，AEO-9 4% ~ 6%，350黏度二甲硅油1% ~ 3%，硼酸水溶液

4%～6%，水84%～86%。

产品应用

本品主要用于汽车的清洗。

使用方法

本品使用时只需按5%左右的比例加入水中洗车、擦干即可达到去污增亮等效果。

产品特性

本品是一种性能优良、对环境友好、对人体无害，具有洗车、打蜡、上光一次完成特点的洗车新产品，它除具有去污打蜡效果外，还具有防静电、抗紫外线、抑菌等多种功能。使用该产品洗车后，可在漆面形成一层光亮的保护膜，使车辆清洁增亮，对漆面具有延长寿命（防止漆面老化、脱落）、抗紫外线、防尘、抑菌、防锈等效果。本品由高级表面活性剂、纳米材料、抛光剂、抑菌剂、稳定剂等组成，配方独特，性质温和，不伤肌肤。能迅速融化油污灰尘，不留水痕，洁力强劲，不损伤车漆的光亮，有利于环保。

【配方2-23】护车洗车液

原料配比（质量分数，%）

表2-26　护车洗车液原料配比

聚乙二醇	1～6
硅油	1～8

液体石蜡	10 ~ 30
三乙醇胺	1 ~ 2
乳化剂	4 ~ 10
羧甲基纤维素	0.5 ~ 1
去离子水	30 ~ 60

制备方法

将原料混合加热，搅拌，冷却后装瓶即为成品。

产品应用

本品主要应用于漆面、玻璃、仪表盘以及家居、地板。

产品特性

①使用方法：洗车、打蜡一次完成。

②成本低：每瓶460mL，可洗40辆车。

③生产工艺简单，投资小，见效快，生产过程无污染。

④适用范围广，漆面、玻璃、仪表盘以及家具、地板的清洁方面均可使用。

【配方2-24】环保节能汽车漆面清洗液

原料配比（质量分数，%）

表2-27　环保节能汽车漆面清洗液原料配比

原料	1号	2号	3号
巴西棕榈蜡	4.1	5	6

续表

原料	1号	2号	3号
椰子油衍生物	7	8	9
活性铜	2	3	4.15
植物表面活性乳液	12	15	18
聚硅氧烷	1	2.5	4
蒸馏水	余量	余量	余量

制备方法

将巴西棕榈蜡、椰子油衍生物、活性铜、植物表面活性乳液、聚硅氧烷搅拌均匀，溶于同一比例的温度为30℃的蒸馏水中，然后搅拌10～30min即得成品。

原料配伍

本品各组分质量分数配比范围为：巴西棕榈蜡4.1%～6%，椰子油衍生物7%～9%，活性铜2%～4.15%，植物表面活性乳液12%～18%，聚硅氧烷1%～4%，蒸馏水加至100%。

产品应用

本品主要用于汽车漆面及家庭硬质物体表面的清洗。

产品特性

清洗测试表明，本品能够快速地使黏附在汽车漆面上的污垢悬浮和松动，在专业手工技术擦拭下将污垢去除。本品pH值为7.1～8.5，所有原料含有高效防腐剂，腐蚀性低，安全性好。

本品极大地节约了能源，是一种清洗过后无须给汽车漆面打蜡的洗车漆面清洗液。

【配方2-25】环保节能汽车漆面清洗液

原料配比（质量分数，%）

表2-28　环保节能汽车漆面清洗液原料配比

辛基酚聚氧乙烯醚	5
甘油	2
蜂蜡	2
硼酸水（0.2%）	10
去离子水	81

配备方法

先将去离子水加入不锈钢容器中加热，再加入辛基酚聚氧乙烯醚并不断搅动，随着温度的升高依次加入甘油、蜂蜡、硼酸，同时继续搅拌；待乳剂溶解、分散均匀后，停止加热（温度不宜超过80℃），搅拌，倾倒至储液罐中待冷却后灌装至包装瓶中。

原料配伍

本品各组分质量分数配比范围为：辛基酚聚氧乙烯醚4%～6%，甘油1%～3%，蜂蜡1%～3%，硼酸水（0.2%）9%～11%，去离子水80%～82%。

辛基酚聚氧乙烯醚为洗涤剂，系非离子表面活性剂，去污力强，泡沫丰富，对人体无不良反应。甘油为润湿剂、抗冻剂，起润湿、抗冻的作用。蜂蜡为擦光剂，起上光、养护的作用。硼酸为抑菌剂、螯合稳定剂，起抑菌和杀菌的作用，同时又能螯合重金属离子，使溶液稳定，起到稳定剂的作用。去离子水为经过滤、渗析的普通饮用水，对油污起到溶解和分散的作用，同时起到媒介的作用。

产品应用

本品主要用于清洗汽车。

产品特性

本品使汽车清洁、上光、养护一次完成。本品含有去污、上光、护膜、抑菌的功能，可将以往多道工序才能完成的工作一次完成。对人体无毒害，对环境无污染，可大量节约水资源。本品可同时用于车辆的外部和内饰的清洁，集清洁去污、上光养护、抑菌杀菌等诸多功能于一体。

【配方2-26】环保清洁型水基汽车清洗剂

原料配比（质量分数，%）

表2-29　环保清洁型水基汽车清洗剂原料配比

原料	1号	2号
EDTA-2Na 盐	0.5	0.5
脂肪酸酰胺磺基玻璃酸酯二钠	5	5
脂肪醇聚氧乙烯醚硫酸钠	1	5

续表

原料	1号	2号
柠檬烯	1	3
去离子水	92.5	86.5

制备方法

依次将各成分混合，在加热条件下搅拌混合均匀，配制而成。加热温度优选为45～55℃，从而有效加快各成分混合速度。混合方法优选为用高速分散机在600～1000r/min的速度下搅拌5～10min，从而能够保证各成分混合得更加均匀。

原料配伍

本品各组分质量分数配比范围为：EDTA-2Na盐0.5%～1%，脂肪酸酰胺磺基玻璃酸酯二钠5%～10%，脂肪醇聚氧乙烯醚硫酸钠1%～5%，柠檬烯1%～3%，去离子水81%～92.5%。

本品中，磺基琥珀酸酯类表面活性剂脂肪酸酰胺磺基玻璃酸酯二钠是由从动植物中提取的纯天然的脂肪酸经烷醇酰胺化后进行酯化磺化得到的，经刺激性实验验证，该活性成分对皮肤完全无刺激，甚至比水的刺激性还要低。根据毒性实验LD_{50}，可以认为该活性成分实际无毒。因而本品是一种无毒、无刺激、抗硬水能力强、生物降解性好的绿色表面活性剂。进一步地，阴离子型的脂肪酸酰胺磺基琥珀酸二钠能够有效增加清洁剂液体中的游离离子数量，可起到防静电的作用。在使用本品擦拭玻璃后，能够在汽车玻璃表面形成一层具有保护作用的薄层，其中覆盖在汽车玻璃表面的活性成分能够有效降低水的表面张力，具有理想的防雾效果，并能够对玻璃表面和车身表面镀漆起到有效的保护作用。

本品中，由于汽车玻璃、内饰、皮革座椅等的污垢主要成分为灰尘、泥沙、树胶、虫胶和少量油垢，因此，去离子水作为主要溶剂的清洗剂即可有效溶解部分杂质。天然柑橘皮的再加工制成的柠檬烯，能够增加清洗剂对油脂性污物的溶解性，达到清洗的要求。通过冷榨或蒸馏得到的天然橙油不仅具有高效溶解能力，还具有一定的杀菌消毒作用，并有天然柑橘的清香，使用后能给人一种舒适放松的感觉，同时能改善车内的空气质量，具有一定的保健效果。

在本品中，EDTA-2Na盐与脂肪酸酰胺磺基琥珀酸酯二钠具有显著的协同效果，可以与水中的易沉淀金属离子形成螯合物，从而保证本品即使在硬水中也有良好的防护和清洗效果，并且可以防止对汽车玻璃或者镀膜表面造成划痕伤害。

本品不含苯、甲苯、二甲苯等对人体有害的物质，完全采用纯天然的产物加工配制而成，其生物降解性好，降解产物安全，极大地减少了对人体和环境的影响。并且本品的制备方法工艺简单，操作方便，方便快速工业化生产。同时，本品使用方便，喷洒完几分钟后用干净毛巾擦拭干净即可达到清洗效果，具有较高的使用价值，能够实现较好的经济及环境效益。

产品应用

本品主要用于汽车的清洗。

使用方法

使用时，将清洗剂均匀喷涂在车体表面，用湿布擦洗或者用水冲洗均可，使用方便，易于操作。

产品特性

本品为水基清洗剂，通过使用去离子水代替传统的油类清洗剂，节省能源，具有不危害操作者健康、减少环境污染、清洗成本低等特点。

将本品分别在不同的汽车表面连续使用一个月，发现不仅被清洗的汽车玻璃表面透明清洁，没有水纹痕迹，并且车身车漆无任何变色、脱落、划痕等现象，清洗后的车身玻璃和车漆能够抵抗再次污染，说明本品可以全方位地用于汽车清洗，效果优异。

同时，本品通过几种成分复配组合，充分利用了各自成分的理化性能，科学配比，使各种成分间产生了显著的协同作用，从而用在汽车清洗上具有非常好的效果，相比近些年出现的一些由十多种成分组成的清洗剂，本品质量更加稳定，使用和存储过程中均不会出现分层或者沉淀的情况，且储存成本低，有利于大规模工业生产和应用。

【配方2-27】环保水基型汽车虫胶清洗剂

原料配比（质量分数，%）

表2-30 环保水基型汽车虫胶清洗剂原料配比

原料	1号	2号	3号
碳酸钠	4	5	0.5
纯碱	—	—	5.5
去离子水	89.5	82	74
脂肪醇聚氧乙烯醚磷酸酯	5	10	15
脂肪酸二乙醇酰胺（SFD）	0.5	1	1
柠檬烯	1	2	4

制备方法

①将碳酸钠溶解于去离子水中，搅拌至完全溶解。

②将脂肪醇聚氧乙烯醚磷钠酯、脂肪酸二乙醇酰胺、柠檬烯混合，在常温下搅拌均匀。搅拌方法为用高速分散机在600～1000r/min的速度下搅拌5～10min，从而使其微乳化，增强混合效果，混合得更加均匀，使用时微乳化的清洗剂与虫胶接触面积更大，清除效果更好。

原料配伍

本品各组分质量分数配比范围为纯碱0～5.5%，脂肪醇聚氧乙烯醚磷钠酯5%～15%，柠檬烯1%～4%，脂肪酸二乙醇酰胺0.5%～2%，碳酸钠4%～6%，去离子水73%～89.5%。

柠檬烯是人工提取的含有柠檬烯的提取物，优选天然柑橘皮中提取的以强溶解力柠檬烯为主的橙油。脂肪酸二乙醇酰胺作为一种SFD非离子表面活性剂是为本领域技术人员所知的，由脂肪酸与二乙醇胺缩合而成，是一种非离子表面活性剂，在化工上通常包括ODEA、SDEA、LDEA等几种主要规格，可以在使用时根据实际需要进行选择，溶于水可以形成凝胶。

产品应用

本品主要用于汽车的清洗。

产品特性

本品为水基型清洗剂，利用配有表面活性剂的水溶液以及多种洗涤助剂对汽车虫胶进行清洗，不伴有激烈的化学反应，可以在冷水或温水中进行，具有不挥发、对汽车和操作者无腐蚀、洗涤成本低、易于运输和保存等显著优点。

本品采用脂肪醇聚氧乙烯醚磷钠酯和脂肪酸二乙醇酰胺（SDF非离子表面活性剂）复配的方法，是因为二者具有显著的协同效果，能使各组分更易混合均匀，保证长时间放置后不会出现分层或沉淀。非离子表面活性剂SFD具有较高的表面活性，其表面张力、临界胶束浓度都较低，具有很好的润湿、乳化、分散、渗透、抗硬水的性能，对于动植物油脂和矿物性油脂有较好的溶解能力，从而有利于洗掉车体表面的虫胶。

本品使用碳酸钠作为碱性助剂，使阴离子表面活性剂脂肪醇聚氧乙烯醚磷酸酯的去油污能力大大增强。

如本领域技术人员所知，虫胶是寄生在某些植物上的紫胶虫的分泌物，主要成分为树脂。本品使用天然柑橘皮中提取的以强溶能力柠檬烯作为主要成分的橙油，大大提高了对树脂类的汽车虫胶污物的清洗效果。

在本品中，脂肪醇聚氧乙烯醚磷酸酯具有很好的去污、乳化、润滑、分散等理化性质，可以进一步改善清洗剂的性能。而且，脂肪醇聚氧乙烯醚磷酸酯和脂肪酸二乙醇酰胺都是由纯天然植物油料合成的，无毒、低刺激，对操作者没有伤害。

如上所述，本品的制备工艺操作简单安全，易于实现大规模工业化生产；清洗剂所使用的活性成分都是纯天然的或者由纯天然物质加工提取得到的，无毒低刺激，作为溶剂型清洗剂的替代品，对环境友好且能达到理想的去污、去虫胶效果。

2.1.5 车身清洗剂的选择使用及注意事项

2.1.5.1 洗车工艺及其技术要求

洗车一般分冲车、擦洗、冲洗、擦车和吹干五个步骤。洗车一般由两人配合进行，这样不但速度快而且清洗的质量好。

（1）冲车

接到服务车辆后，有一人负责将待洗车辆驶入工作间，一人在车前引导，适时提醒驾驶员控制好方向。车辆停放平稳后，一人用高压水冲去车身污物，顺序自上而下，整个过程中始终由一个方向向另一边的斜下方冲洗，尽量避免正向或反向冲洗，以免将泥沙冲回已经冲洗干净的部位。冲洗车时不可忽视的部位是车身的下部及底部，因为大量的泥沙和污物一般都聚集在这些部位，如果稍不注意就会遗留下泥沙等物质。这样在进行后续的擦洗工作时就会划伤漆面。因此，必须尽可能地冲洗掉车身下部及车底的大颗粒泥沙。

（2）擦洗

将配制好的洗车液均匀喷洒在车身表面，如果有泡沫清洗机，可先将泡沫喷洒在车身表面，然后两人手持海绵一左一右按照从上到下的顺序擦洗车身。擦洗时应注意全车的每个角落都要细致认真地进行擦洗，同时注意车身表面有些冲洗不掉的附着物，不可以用力猛擦，以免损坏车身漆面。对于焦油、沥青等顽固渍，应使用专用溶剂来清洗。

（3）冲洗

擦洗完毕之后，开始冲洗车身，顺序同冲车一样，但这时应以车顶、上部和中部为重点。因为冲车时已经将车身下部冲洗得比较干净并进行了一定的擦洗。这时的冲洗应主要冲洗中部以上的部位，向下流动的水基本能够将下部及底部冲洗干净，所以冲洗下部和底部时一带而过即可。

（4）擦车

用半湿的大毛巾将整个车身从前至后先预擦一遍，待车身中部及下部的大部分水分被吸干之后，用干毛巾细擦一遍，要求擦干所有水痕。经过这样“一湿一干”两遍抹擦之后的车身应不留水痕而且十分干净。擦车时应注意检查洗车工序中容易遗漏的部位，如刮水器安装部位、车身底部等。

（5）吹干

完成前面四道工序后，车身表面已基本洗干净。但是有些地方在擦车时不容易擦干，如发动机盖边沿及内侧、车门边缘内侧、车门把手内侧、后备厢边沿内侧以及油箱盖内侧等凹进去的地方，这时要用压缩空气枪来进行吹干。操作时可以一只手拿着压缩空气枪，另一只手拿着干净抹布，边吹边抹，直到吹干为止。

2.1.5.2 车身清洗剂的配方及制备

【配方2-28】免擦拭洗车液

使用说明

免擦拭洗车液是全新一代车身清洁产品，能轻松去除车漆污垢，一喷一冲即可去污，不伤车漆的同时可以去除车漆静电灰。

参考配方

表2-31 免擦拭洗车液参考配方

成分	质量分数（%）
氢氧化钠	5
HEDP-2Na	11.4
DTPA-5Na	0.9
EDTA-4Na	0.2
OEP-70	3
HNS195	7
去离子水	余量

制备方法

按上述原料比例依次搅拌均匀即可。

使用方法

免擦拭洗车液建议开稀比例30～80倍，厚泥污建议30～50倍稀释，正常免擦拭建议50～80倍稀释。将免擦洗车液按比例稀释搅拌均匀，均匀喷于车漆表面，5min后待污垢分解，用高压水枪直接冲洗，水枪压力建议设定为8～10MPa。

注意事项

①请勿在烈日下或高温下使用。

②长时间接触请佩戴手套。

【配方2-29】增强型免擦拭洗车液

使用说明

增强型免擦拭洗车液比免擦拭洗车液清洁效果更强，能轻松去除漆表面污垢，一喷一冲即可去污，不伤车漆的同时可以去除车漆静电灰。

参考配方

表2-32 增强型免擦拭洗车液参考配方

成分	质量分数（%）
氢氧化钠	7
HEDP-2Na	13
DTPA-5Na	0.9
EDTA-4Na	0.2
OEP-70	6
HNS195	7
去离子水	余量

制备方法

先把粉剂原料用水稀释至透明，再加入HNS195，然后一边搅拌一边加入OEP-70，搅拌均匀即可。

使用方法

免擦拭洗车液建议开稀比例30~80倍，厚泥污建议30~50倍稀释，正常免擦拭建议50~80倍稀释。将免擦洗车液按比例稀释并搅拌均匀，均匀喷于车漆表面，5min后待污垢分解，用高压水枪直接冲洗，水枪压力建议设定为8～10MPa。

注意事项

①请勿在烈日下或高温下使用。

②长时间接触请佩戴手套。

【配方2-30】汽车玻璃水

使用说明

本产品具有优良的清洁效果，能有效清除玻璃表面上的油膜、虫胶、鸟粪和其他污垢，润滑玻璃表面，保护玻璃不受磨损。

参考配方

表2-33　汽车玻璃水参考配方

成分	质量分数（%）	作用
HNS195	4%	清洁
SP150	2%～4%	渗透、剥离
氢氧化钠	0.5%～1%	清洁助剂
EDTA-4Na	0.1%	螯合剂
乙二醇单丁醚（或无水乙醇）	5%～10%	清洁、快干
AT380	0.1%	透明消泡剂
水	余量	—
防腐剂、香精	QS	防腐、赋香

制备方法

①将HNS195、SP150和去离子水搅拌均匀。

②加入氢氧化钠和EDTA-4Na搅拌至完全溶解。

③加入乙二醇单丁醚（或无水乙醇）搅拌。

④最后加入AT380、防腐剂、香精即可。

使用方法

将本品兑水稀释15～20倍使用。

注意事项

①洗车身时，不可在烈日下或发动机罩还热的情况下进行。同时忌在非常寒冷的天气下洗车。一旦汽车表面的水结冰会引起油漆涂膜破裂。

②清洁车身表面时，切勿使用刷子、粗布等表面粗糙的用品，以避免在车身上留下划伤痕迹。

③擦拭的方向与汽车行驶方向垂直，不能倒擦。

④洗车机的水压不能调太高，清洗时，宜用分散水流喷射，使坚硬的尘土浸润而被冲去，再用其他软质材料（如海绵），自上而下地擦洗（擦洗时应经常用清水洗掉海绵上的污垢，以免油漆表面留下擦伤痕迹）。最后用鹿皮布擦掉水迹。

⑤要使脏污完全清除，首要的工作是使污垢脱离车身，因此要有足够的水量，并且冲洗时间要足。冲洗时间太短就不会有好的效果。死虫枯附在车身表面不易除去，可用专用洗涤剂

喷涂，再用海绵蘸水清洗，擦干。车身黏有沥青、油渍等污物时，要用专用清洗剂进行清洗。

⑥用水冲洗四个车轮时，高压水枪应对准制动盘部位长时间冲洗，目的是彻底将制动过程中产生的粉末污物冲洗干净。

⑦冲洗车前栅网部位时，应使用雾状水流，若使用柱状高压水流，则有可能对水箱或冷凝器的散热片造成损伤。

⑧擦洗时应选用纯棉毛巾，清洗毛巾应避免水中的脏物进入毛巾，一般不应拧干，而是“控”干，擦洗的方向和次序都有严格要求，这一切都是为了保护汽车车身的漆面。车身外表的清洗和防护应该同时进行，即清洗完毕立即在车身喷涂防护剂。待车身表面完全擦干后，再用鹿皮布或优质白棉纱头蘸上抛光蜡（不可用砂蜡）进行车身表面抛光。

⑨在雪道上行驶后，必须认真地清洗车身、底盘、车胎及轮毂。因为路面防冻剂主要成分是盐，不经常仔细洗车、护理很容易造成锈蚀。

⑩洗车时，应进行最后一道吹干工序，不能省略。车身的缝隙之间，标识缝隙间的水滴如果不吹干，时间久了将会形成顽固的水垢，难以去除。

2.2 车身漆面研磨抛光原料

汽车在使用过程中，由于自然侵蚀和人为因素，导致漆面出现变色、老化、划痕等现象。现代汽车美容不只是简单的汽车清洗、吸尘、除渍、除臭及打蜡等常规美容护理，还包括利用专业美容系列产品和高科技设备，采用特殊的工艺和方法，对汽车进行漆面抛光、增光、深浅划痕处理及漆面翻新等一系列养护作业。

汽车漆面研磨、抛光、还原等工序是对车漆进行的深层护理，是汽车美容技术中最主要的组成部分。汽车护理通过研磨、抛光、打蜡等美容作业，既可预防变色、老化、划痕等现象的发生，也可以对漆面采取必要的补救措施。研磨是去除车漆原有的缺陷，把漆面打平，除去条纹、氧化层等深层污染。抛光是在研磨后进一步平整漆面，除去研磨残余条纹。

漆面抛光是研磨之后的一道工序，也是汽车车身保养中最为重要的部分。抛光剂及抛光技术直接关系到汽车美容的最终效果。另外，汽车表面经喷涂之后，可能会出现粗粒、砂纸痕、流痕、反白、橘皮等漆膜表面的细小缺陷，为了弥补这些缺陷，通常在喷涂后进行抛光处理，以提高漆膜的镜面效果，达到光亮、平滑、艳丽的要求。

车身表面在去除交通膜时就可以使用抛光的方法加速交通膜的去除，同时使漆面平整光洁；或在彻底清洁后根据漆面的损伤程度做抛光处理，使划痕、表面皲裂、漆面橘皮和流挂等消失，恢复统一、平整的效果。汽车漆面抛光剂含有研磨剂、去污剂、还原剂、光亮剂等主要成分，在抛光过程中能够有效去除漆面划痕、亚光、褪色、氧化以及粗糙等漆面缺陷。抛光剂中的滋润成分能够深入漆面，使漆面展现柔和的自身光泽。抛光剂也可以单独使用去除轻微氧化层和污垢。

汽车漆面的厚度一般只有20～50 μm，摩氏硬度仅为4～6（与2H～4H的铅笔的铅芯的软硬度差不多）。选择合适的抛光用研磨磨料是很重要的，磨料的材质、粒度、硬度、圆度和每一颗粒表面的结构形态都对制成的研磨剂的抛光效果有直接的影响。一般常被作为磨料的有无水硅酸铝、硅藻土、精制白色膨润土、精制硅藻土、诺勃氏白垩和二氧化硅粉末等。除此类汽车抛光剂以外，还有一些汽车抛光剂采用半固态的合成蜡或其他微晶蜡作为磨料，主要在进行镜面抛光时使用。

汽车漆护理的专用材料，可分为普通和透明漆研磨剂、抛光剂和还原剂等。在这些护理剂中都含有摩擦材料，摩擦材料颗粒的大小不同，在护理作业中起的作用也不同。颗粒大的用于粗磨，颗粒小的用于细磨，颗粒微小的用于精磨，以满足各种护理作业的需要。

国产抛光研磨蜡主要添加成分为地蜡、硅藻土、氧化铝、矿物有机乳化剂等，颜色有浅灰色、灰色、乳黄色及黄褐色等多种，主要用于浅划痕处理及漆膜的磨平作业，以清除划痕、橘纹，填平细小孔等。

抛光剂都具有去污、上光、防锈等作用，能够满足普通汽车用户的需求。其中，蜡与硅油混合抛光剂是目前开发使用的重点。蜡类抛光剂的有效成分是各种蜡，并含有研磨剂、液体介质及其他添加剂。蜡类抛光剂可以除去漆面上的印迹，形成与漆面相协调的均匀光亮的抛光面。油包水型乳液型抛光剂因其优良的光亮度、良好的干燥度、较强的去污能力以及使用的安全便捷性将成为今后的发展趋势，由于人们对环境保护的日益关注，开发高效环保型的汽车抛光剂成为当今热点。

2.2.1 抛光原理

汽车漆面抛光剂含有研磨剂、去污剂、还原剂、光亮剂等成分。靠摩擦材料把细微划痕去除，靠蜡质的光泽来弥补漆面的缺陷，靠抛光机转速的调整而使抛光剂产生化学反应。在抛光过程中能够有效去除划痕、亚光、褪色、氧化以及粗糙等漆面缺陷。抛光剂及抛光技术直接关系到漆面保养的最终效果。

抛光剂通过3种途径能产生光亮无瑕的漆面艺术效果，具体如下。

①依靠研磨。即依靠摩擦材料把划痕去除。

②依靠釉剂。抛光剂中大多含有晶亮釉成分，抛光到一定程度后，可依靠釉的光泽来弥补漆面残存的缺陷。

③依靠化学反应。靠抛光机转速的调整而使抛光剂产生化学反应。

2.2.2 车身漆面抛光剂用添加剂

抛光剂含有研磨剂、去污剂、还原剂、光亮剂等多种成分。

（1）研磨剂

研磨材料用来除去汽车表面风化的残余物、氧化物和泥土等。研磨剂应具有适当的硬度、均匀的粒度分布，能对乳液起到良好的稳定性作用。研磨微粒大小应尽量均匀，以免抛光后刮伤漆面而留下划痕。通常使用高岭土型硅铝酸盐，添加在水溶性（如乳化蜡）配方中。其他对被处理表面无害的柔软型研磨剂也可以使用。当配制糊状汽车光亮剂时，最好添加亲油性粉末。常用的研磨材料有：铝土、硅藻土、沸石、钛白粉（TiO_2）、铬绿（Cr_2O_3）、硅土、斑脱土、胶质黏土、氧化铁、氧化锡等。

（2）液体介质

液体介质可以是水、有机溶剂、烃油或其混合物。溶剂必须具有相当高的挥发性、较低的KB值（贝壳松脂丁醇值），并且要有良好的流平性而不能溶解汽车表面涂层（漆膜）。水介质，最好用去离子水；有机溶剂介质有脂肪烃、异链烷烃、甲基二乙基酮及其混合物，最常用的溶剂是汽油；烃油介质有鱼油、牛油、矿物油等，最好是矿物油。最常使用的液体介质是有机溶剂、水和烃油的乳化溶液。

（3）表面活性剂

表面活性剂是抛光剂的主要添加剂，能显著降低抛光剂的表面张力，使其更好地润湿漆膜表面，增加其表面的流平性，从而增强光泽度。阳离子、阴离子、两性离子和非离子表面活性剂都可以用于抛光剂。蜡抛光剂可以除去漆面上的印迹，形成与漆面相协调的均匀光亮的抛光面。

（4）增稠剂及其他添加剂

加入增稠剂可以调节抛光剂的黏度。常用的增稠剂有硅胶、重金属皂、水溶性丙烯聚合物等。根据需要，可以再加入杀菌剂、润湿剂、防腐剂等。

2.2.3 车身漆面抛光剂类型与性能

抛光剂可分为蜡类抛光剂、硅氧烷抛光剂、蜡与硅油混合抛光剂等类型。

（1）蜡类抛光剂

蜡类抛光剂可以除去漆面上的印迹，形成与漆面相协调的均匀光亮的抛光面。汽车漆面的瑕疵可在生产线上得以完全修补，恢复抛光度和光泽度。

（2）硅氧烷抛光剂

虽然抛光剂中的蜡固化成膜后，可以为汽车面漆提供较高的亮度和光泽，但是几乎所有的蜡都很难保证涂覆的均一性及能够承受多次清洗及打磨。现代汽车表面涂装技术，均采用了有色面漆和罩光清漆相结合的方法。有色面漆层提供各式色彩，罩光清漆提供坚硬、防切削的保护层。传统抛光剂中的研磨剂，经常会破坏这种表面罩光清漆涂层而使用有色面漆涂层暴露在外，从而影响漆膜层的耐候性。因而，需要一种不含研磨剂，也不须经多次抛光的真正适用于汽车的产品。

19世纪50年代中期，乳液状的硅氧烷抛光剂因其使用方便，自研究成功后，在市场上吸引了一批汽车发烧友的喜爱。1968年，Davidsohn和Mildowsky提出了硅氧烷可以作为抛光剂的主要成分。1991年美国的Blue Chip Stamps公司发现，硅氧烷抛光剂可以弥补传统产品中抛光剂涂覆蜡不均匀、配方中加入的研磨材料或增光剂与现代汽车上漆技术不配套的缺陷。

此类抛光剂水性产品主要由乳化硅油和少量的添加剂组成。乳化硅油包括非离子二甲硅油、阳离子乳化硅油（a）、阳离子乳化硅油（b）。油性产品由交联型硅氨烷组成，抛光过程中固化成膜，起到了增强光泽的作用。非离子聚二甲硅油是抛光混合剂的主要成分，可用水乳化稀释，产品无毒。据报道，阳离子乳化硅油（a）可以是异戊二甲基硅氧烷与十六烷基或十八烷基二甲基氯化氨的混合物，它是在抛光面上形成耐久薄涂层所必需的带阳离子特征的成分，能够起到抗静电、上光作用。阳离子乳液与带负电的车身表面作用使汽车表面形成均匀分散的、耐久的硅氧烷单分子层。静电作用使硅油烷有效地黏附在车漆表面上，以便用吸水布擦去多余的水分和物料。阳离子乳化硅油（b）是氨基化硅氧烷与十八烷基二甲基苄基氯化铵的混合物，带有阳离子氨基的硅氧烷乳液增强了混合剂的乳化稳定性、表面分散性及抗静电性。

（3）蜡与硅油混合抛光剂

对于汽车爱好者来说，光亮耀人的车身始终是他们最关心的。而蜡具有良好的维持高光泽和抗刮痕的能力。在硅氧烷中加入少量的蜡可以改善抛光效果，减少水斑。蜡与硅油混合抛光剂集中了蜡、硅油在抛光作用中的性能优点，成为目前市场上最主要的抛光剂产品。这类型的产品同样有乳化水性产品和油性产品两种，其主要有效成分是各种改性蜡及硅氧烷。

2.2.4 车身漆面抛光及研磨剂配方及制备

2.2.4.1 研磨剂配方及制备

【配方2-31】研磨划痕蜡

使用说明

快速去除车漆表面细微划痕，有效改善车漆发乌、发白等氧化现象，同时具备清洁、修复、防水上光的效果，操作简单，一抛二擦三无痕。

参考配方

表2-34 研磨划痕蜡参考配方

原料	质量分数（%）	作用
（50 ~ 60℃）石蜡	0.5% ~ 1%	防水
SCR360M	1% ~ 2%	光亮，润滑
三甲苯（100# 溶剂油）	3%	速干
四甲苯（150# 溶剂油）	9.2%	速干
航空煤油（150#）	7.9%	挥发
吐温 80	1.6%	乳化剂
司盘 80	1.3%	乳化剂
AEO-5	1.9%	乳化剂
氧化铝	20% ~ 25%	研磨、遮盖
去离子水	45%	—
DS30 分散剂	0.5% ~ 1%	分散剂
聚酰胺蜡	0.3%	防聚沉
EDTA-4Na	0.2%	螯合剂
CMC	0.3%	增稠剂
一乙醇胺（pH 值为 9）	QS	调节
丙烯酸增稠剂	1% ~ 3%	增稠剂
共计	100%	

制备方法

①将石蜡、SCR360M、溶剂油升温60℃，搅拌至石蜡溶解。

②恒温60℃，加入乳化剂搅拌均匀。

③恒温60℃，加入氧化铝，搅拌10min。

④恒温60℃，将去离子水分3次加入。

⑤降温至45℃，加入分散剂、聚酰胺蜡。

⑥降至室温，加入EDTA-4Na、CMC，搅拌均匀，加入SF-1调节黏度。

⑦过滤出料。

使用方法

①用清水清洁划痕部位并擦干。

②将干毛巾折叠3～4次，在折叠毛巾转角处涂抹适量划痕蜡。

③集中着力点，根据划痕深浅，掌握擦拭力度，划痕消失后停止擦拭，完成修复。

注意事项

①深度划痕只能淡化，不能完全修复。

②伤及底漆，本产品不可修复。

【配方2-32】一擦亮

使用说明

一擦亮是以特种硅蜡乳液为原料的水性车蜡，使用后具有驱水效果，有效防污，一擦即亮，防止漆面腐蚀发乌，可以深度滋养车漆，延缓车漆老化，同时提升车漆光滑度。

参考配方

表2-35　一擦亮参考配方

成分	质量分数（%）	作用
EMU1205	90% ～ 95%	光亮、持久
FCC005	2% ～ 5%	驱水、持久
增稠剂	1% ～ 3%	—
共计	100%	—

产品制法

将上述原料按所需比例混合搅拌均匀即可。

使用方法

①将车身清洗干净并擦干水渍。

②用海绵蘸取适量车蜡以螺纹打圈的方式涂抹。

③用干毛巾抛光擦亮即可。

【配方2-33】研磨剂1

参考配方

表2-36 研磨剂参考配方1

组分	质量分数（%）	组分	质量分数（%）
氧化铬粉末	60	聚乙二醇	40

制备方法

混合搅拌均匀成悬浮液。

使用方法

将产品置于抛光机上，将抛光机平放于涂面上，然后均衡地向下施力，从车顶开始按顺序每一小块做一次处理，有规律地沿水平方向来回移动。

用途特性

此产品研磨力强，只在深度抛光、汽车漆面修补时使用。

【配方2-34】研磨剂2

参考配方

表2-37 研磨剂参考配方2

组分	质量分数（%）	组分	质量分数（%）
聚氧乙烯-聚氧丙烯嵌段共聚物	50	氧化铝粉末	50

制备方法

混合搅拌均匀成悬浮液。

使用方法

将产品置于抛光机上，将抛光机平放于涂面上，然后均衡地向下施力，从车顶开始按顺序每一小块做一次处理，有规律地沿水平方向来回移动。

用途特性

此产品研磨剂使用量大，研磨强度高，只在深度抛光、汽车漆面修补时使用。

【配方2-35】研磨剂3

参考配方

表2-38　研磨剂参考配方3

组分	质量分数（%）	组分	质量分数（%）
聚氧乙烯烷基醚磷酸酯	50	氧化铝粉末	50

制备方法

混合搅拌均匀成悬浮液。

使用方法

将产品置于抛光机上，将抛光机平放于涂面上，然后均衡地向下施力，从车顶开始按顺序每一小块做一次处理，有规律地沿水平方向来回移动。

用途特性

此研磨剂产品使用量大，研磨强度高，在深度抛光、汽车漆面修补时使用。有防锈功能。

【配方2-36】研磨剂4

参考配方

表2-39　研磨剂参考配方4

组分	质量分数（%）	组分	质量分数（%）
二氧化硅	75	高级醇	5
二十二（碳）烷酸	10	聚氧乙烯壬基苯醚	10

制备方法

将上述原料放进搅拌釜中，边搅拌边加热，至其全部成为膏状物，使其流入铝制容器中，冷却后包装。

使用方法

将产品置于抛光机上，将抛光机平放于涂面上，然后均衡地向下施力，从车顶开始按顺序每一小块做一次处理，有规律地沿水平方向来回移动。

用途特性

此产品由表面活性剂和软磨料配制而成，在汽车漆面修补时使用。

【配方2-37】研磨剂5

参考配方

表2-40　研磨剂参考配方5

组分	质量分数（%）	组分	质量分数（%）
聚氧乙烯油醇（Volpo O10）	2	二氧化硅（Cab-Ss）	3
煤油	75	诺勃氏白垩	20

制备方法

将聚氧乙烯油醇溶解在煤油中，加入二氧化硅搅拌分散均匀形成凝胶，继续加入白垩搅拌分散均匀成膏状。

使用方法

直接在腻子面上、浆面上或用水冲洗车辆至无泥污存留并用静电清洗剂清洗过的漆面上使用，使用抹布蘸此液擦拭或用抛光机抛光漆面。

用途特性

该产品是用于车身重新抛光的抛光膏，适于上腻子、挂浆和补漆后的重新抛光，以及漆面划痕较多或使用研磨抛光机抛光的漆面修整。

【配方2-38】研磨剂6

参考配方

表2-41 研磨剂参考配方6

组分	质量分数（%）	组分	质量分数（%）
油酸	4.0	膨润土	4.0
煤油	50.3	氨水（密度0.88g/cm³）	0.7
诺勃氏白垩	35.0	去离子水	6.0

制备方法

将油酸、煤油、诺勃氏白垩和膨润土在一起搅拌均匀，然后加入水和氨水，继续搅拌至形成均匀分散的成品。

使用方法

直接在腻子面上、浆面上或用水冲洗车辆至无泥污存留并用静电清洗剂清洗过的漆面上使用，使用抹布蘸此液擦拭或用抛光机抛光漆面。

用途特性

该产品适于直接在腻子面上、浆面上和用水冲洗车辆至无泥污存留并使用静电清洗剂清洗漆面时使用。

【配方2-39】研磨剂7

参考配方

表2-42　研磨剂参考配方7

组分	质量分数（%）	组分	质量分数（%）
二氧化硅	45 ~ 50	轻质煤油	5 ~ 10
低熔点硬脂酸	6 ~ 9	对羧基苯甲酸甲酯	0.2
重质煤油	28 ~ 32	对羧基苯甲酸丙酯	0.1
二吡咯烷脲	0.3	高熔点硬脂酸	6 ~ 9

制备方法

将硬脂酸、煤油、对羧基苯甲酸甲酯、对羧基苯甲酸丙酯等在一起搅拌均匀，然后加入二氧化硅，继续搅拌至形成均匀分散的成品。

使用方法

该产品适于直接在腻子面上、浆面上使用，使用抹布蘸此液擦拭或用抛光机抛光漆面。

用途特性

这是用于车身重新抛光的抛光膏，利用含磨料较多的特点对车身的不同层面进行较有深度的抛光。

【配方2-40】红色研磨抛光膏

参考配方

表2-43　红色研磨抛光膏参考配方

组分	质量分数（%）	组分	质量分数（%）
硬脂酸	33.945	氧化铁	44
地蜡	0.5	四氧化三铁	21.5
硬脂酸铝	0.055		

制备方法

在熔样锅中加入硬脂酸、地蜡、硬脂酸铝，制成混合油脂，再将混合油脂加热至130℃去水分备用。在搅拌锅中按比例加入混合油脂、氧化铁、四氧化三铁，搅拌均匀，然后加热挤压成型。

使用方法

将产品涂于汽车待抛光面上，将抛光机平放然后均衡地向下施力，从车顶开始按顺序每一小块做一次处理，有规律地沿水平方向来回移动。

用途特性

适用于金、银等贵金属及其镀层的装饰性抛光，对各种非金属材质，如不饱和聚酯树脂表面具有良好的抛光效果。

【配方2-41】汽车清洁抛光剂1

参考配方

表2-44 汽车清洁抛光剂参考配方1

组分	质量分数（%）	组分	质量分数（%）
二羟乙基酰胺	1	有机皂土	0.5
溶剂汽油	17	异丙醇	0.25
研磨料（高岭土类）	10	助剂	3
去离子水	68.25		

制备方法

将油性原料混合，水性原料混合，需先将研磨料过筛，将研磨料（高岭土类）加入油相，在一定温度下，将水相加入油相，高速搅拌即可。本品系水包油型乳液，可用其他溶剂代替汽油，配方中若加入油酸，可降低挥发速度。

使用方法

将产品置于抛光机上，将抛光机平放于涂面上，然后均衡地向下施力，从车顶开始按顺序每一小块做一次处理，有规律地沿水平方向来回移动。

用途特性

本品是乳化性抛光剂，将三相原料混合，起到清洁、研磨的作用。抛光后光泽度极佳。

2.2.4.2 抛光剂配方及制备

【配方2-42】高级车蜡

使用说明

本高级车蜡添加镀晶树脂强化车漆保护，作用时间更长，强化车漆保护，可避免车漆氧化及发乌，可深度滋养车漆，使车漆光泽闪亮，让汽车成为“行走的镜子”。

使用步骤

①将车身洗净并擦干水渍。

②海绵蘸取适量高级车蜡以螺旋纹打圈涂抹的方式打蜡。

③然后用干净纤维毛巾将车身擦干净及抛光车漆即可。

注意事项

①使用高级车蜡后半小时内请勿沾水或用手触摸以免留下指纹或水渍。

②车蜡质地柔软，受温度影响会出现熔化或开裂现象，这完全不影响使用效果，使用后放置阴凉干燥的地方即可。

【配方2-43】汽车清洁抛光剂2

参考配方

表2-45 汽车清洁抛光剂2

组分	质量分数（%）	组分	质量分数（%）
液体石蜡	8	油酸	0.556

续表

组分	质量分数（%）	组分	质量分数（%）
硅藻土	0.5	去离子水	余量
三乙醇胺	0.223		

制备方法

先将三乙醇胺溶于去离子水中搅匀，再将液体石蜡和油酸在另一容器内混合均匀，然后倒入三乙醇胺水溶液中混合，搅拌均匀后再加入硅藻土。继续搅拌均匀即为成品。

使用方法

使用前先用水冲洗车辆至无泥污存留，再使用抹布蘸此液擦拭或用抛光机抛光漆面。

用途特性

该产品是一种耐洗涤、水包油型的清洗抛光剂。能清洁车体，同时给漆面抛光。

【配方2-44】汽车清洁抛光剂3

参考配方

表2-46　汽车清洁抛光剂参考配方3

组分	质量分数（%）	组分	质量分数（%）
三乙醇胺	0.54	润湿剂	0.03

续表

组分	质量分数（%）	组分	质量分数（%）
矿物油	6	聚乙烯蜡乳化剂	11
甘油	2	铝土研磨剂	6.91
干洗溶剂汽油	14	稠化剂（水溶性丙烯聚合乳液）	1.35
对羟基苯甲酸丙酯	0.05	去离子水	58.02
对羟基苯甲酸甲酯	0.1		

制备方法

用高剪切混合器搅拌至均匀分散。添加成分的顺序为水、杀菌剂、润湿剂、蜡、矿物油、溶剂、稠化剂及研磨剂。添加各组分时应不断搅拌混合物。

使用方法

使用前先将车辆冲洗干净，再使用抹布蘸此液擦拭或用抛光机抛光漆面。

用途特性

该产品是一种耐洗涤、水包油型的清洗抛光剂。能清洁车体，去除交通膜，同时给漆面抛光。

【配方2-45】溶剂类糊状轿车抛光剂

参考配方

表2-47　溶剂类糊状轿车抛光剂参考配方

组分	质量分数（%）	组分	质量分数（%）
巴西棕榈蜡	10	四硼酸钠	1
液体石蜡	10	柠檬香精	适量
地蜡	10	颜料溶液	适量
AES	5	去离子水	余量
LAS	3		

制备方法

将各种蜡原料按生产配方比例混合，在60～100℃温度下熔化，在250～300r/min的搅拌速度下搅拌均匀，并保持恒温，将乳化剂、其他添加剂与水溶液、去离子水混合加热到沸腾后，加入保持恒温的蜡混合溶液中，搅拌均匀，在150～200r/min的搅拌速度下冷却到室温，倒入密封的容器中即可。

使用方法

将产品置于抛光机上，将抛光机平放于涂面上，然后均衡地向下施力，从车顶开始按顺序每一小块做一次处理，有规律地沿水平方向来回移动。

用途特性

除去研磨残余条纹，抛光剂中的滋润成分深入漆面，使漆面展现柔和的自身光泽。也可单独使用去除轻微氧化和污垢。

【配方2-46】车辆上光蜡基增光剂

参考配方

表2-48　车辆上光蜡基增光剂

组分	质量分数（%）	组分	质量分数（%）
轻质矿物油	8	甘油	5
三乙醇胺油酸酯	0.2	去离子水	68.6
巴西棕榈蜡	1	水溶性树胶	0.2
硅藻土	17		

制备方法

将水溶性树胶加入甘油中分散均匀，再在高速搅拌的状态下加入去离子水中，搅拌均匀，边加入硅藻土边快速搅拌；将轻质矿物油、三乙醇胺油酸酯、巴西棕榈蜡混合均匀，边搅拌边将油相混合物加入水相中，搅拌均匀。

使用方法

使用车体用清洁剂清洁车体表面后，再用抹布蘸此膏体擦拭或用抛光机抛光漆面。

用途特性

车辆上光蜡基增光剂，是以蜡混合物在石脑油或其他有机溶剂中的分散体的形式提供的。车体用清洁剂必须彻底清洁或清洗后才能使用这种上光剂，如能正确使用可产生坚韧、耐久、光亮的蜡光膜。

【配方2-47】漆面油性抛光剂

参考配方

表2-49　漆面油性抛光剂参考配方

组分	质量分数（%）	组分	质量分数（%）
A-C Polyethylene 6 或 A-C Polyethylene 8（聚乙烯均聚物）	2.5	溶剂油	96.0
微晶蜡	1.5	研磨剂	适量

制备方法

混合均匀后成白色悬浮状液体。

使用方法

使用前先用水冲洗车辆至无泥污存留，再使用抹布蘸液擦拭或用抛光机抛光漆面。

用途特性

该产品是一种油性抛光剂。给漆面抛光后，留下一层耐久性优异的保护膜。

【配方2-48】溶剂类糊状轿车抛光剂

参考配方

表2-50　溶剂类糊状轿车抛光剂参考配方

组分	质量分数（%）	组分	质量分数（%）
A-C Polyethylene 6或A-C Polyethylene 8（聚乙烯均聚物）	9.82	溶剂油类	78.18
石蜡	6	研磨剂	适量
微晶蜡	6		

制备方法

搅拌均匀制成糊状乳剂产品。

使用方法

该产品适用于较好漆面、无严重划痕漆面或使用研磨剂、抛光剂抛光漆面的修整。用水冲洗车辆至无泥污存留，用去静电清洗剂清洗漆面后，使用抹布蘸此液擦拭或用抛光机抛光漆面。

用途特性

这是一种溶剂类糊状轿车抛光剂。给漆面抛光后，光泽极好，其膜耐久性优异。

【配方2-49】轿车含多蜡抛光剂

参考配方

表2-51　轿车含多蜡抛光剂参考配方

组分	质量分数（%）	组分	质量分数（%）
氧化皂化蜡	14.4	干洗溶剂汽油	72.7
氧化合成蜡	4.3	去离子水	7.2
膨润土	1.4		

制备方法

用高剪切混合器把膨润土分散在去离子水中，加入前两种组分并混含至均匀，再在高速搅拌条件下加入干洗溶剂汽油中。冷却后包装为成品。

使用方法

该产品适用于较好漆面、无严重划痕漆面或使用研磨抛光剂抛光漆面的修整，用水冲洗车辆至无泥污存留，用去静电清洗剂清洗漆面后，使用抹布蘸此液擦拭或用抛光机抛光漆面。

用途特性

这是一种可改性的多蜡抛光剂。给漆面抛光后，光泽极好，留有一层耐久性优异的保护膜。

【配方2-50】汽车清洁抛光剂4

参考配方

表2-52　汽车清洁抛光剂参考配方4

组分	质量分数（%）	组分	质量分数（%）
Laponite B（合成黏土）	1.5	硅氧烷油（黏度 200MPa·s）	5.9
Snow Floss（硅藻土）	17.7	油酸	2.9
防腐剂	适量	轻质矿物油	2.9
三乙醇胺	0.2	去离子水	余量

制备方法

用高剪切混合器把Laponite B分散在水中，加入Snow Floss、防腐剂、三乙醇胺并混合至均匀，再在高速乳化下加入剩余组分。冷却后包装为成品。

使用方法

使用前先用水冲洗车辆至无泥污存留，再使用抹布蘸此液擦拭或用抛光机抛光漆面。

用途特性

该产品是一种耐洗涤、水包油型的清洗抛光剂。能清洁车体，去除交通膜，可同时用硅氧烷给漆面上光。

【配方2-51】耐水洗汽车抛光抗静电剂

参考配方

表2-53 耐水洗汽车抛光抗静电剂参考配方

组分	质量分数（%）	组分	质量分数（%）
表面活性剂（阳离子型）	1	去离子水	57
溶剂汽油	20.5	氨基硅油乳液	11.5
研磨剂（高岭土类）	10		

制备方法

在搅拌条件下先混合前3个组分，然后慢慢加入去离子水和氨基硅油乳液，搅拌均匀即可。

使用方法

用打蜡海绵蘸适量研磨剂，以画小圆圈的方式均匀涂蜡，圆圈的大小以圆圈内无遗漏漆面为准，每圈盖前一圈的1/3或不低于1/4。圆圈轨迹沿车身前后直线方向。或用抛光机抛光漆面。

用途特性

产品具有优异的光泽度、耐久、耐水洗性能。在擦拭表面附上一层保护膜，起上光、防锈、抗静电的作用。

【配方2-52】上光清洁抛光剂

参考配方

表2-54　上光清洁抛光剂参考配方

组分	质量分数（%）	组分	质量分数（%）
Union Carbide L-45（聚二甲基硅氧烷）	2	萘酚溶剂油	8.5
油酸	1.7	三乙醇胺月桂硫酸盐	2.3
松油	0.46	Hyonic FA-40（非离子表面活性剂）	0.5
吗啉	1.39	Carbopol 934 Resin（丙烯酸树脂）	4.65
浮石	8.35	去离子水	60.9
Snow Floss（硅藻土）	9.25		

制备方法

把硅油、油酸和松油溶解在萘酚溶剂油中，将吗啉溶解在去离子水中，快速搅拌下把浮石和硅藻土加入去离子水-吗啉溶液中，不断快速搅拌，加入三乙醇胺月桂硫酸盐和非离子表面活性剂Hyonic FA-40，充分混合，加入Carbopol 934树脂并混合均匀。将油相加入水相搅拌均匀。用无缝的刷漆锡桶包装。

使用方法

使用前先用水冲洗车辆至无泥污存留，再使用抹布蘸此液擦拭或用抛光机抛光漆面。等其完全干燥后再用干抹布擦掉。

用途特性

该产品能有效地去除锈斑、污秽、焦油和交通膜。能清洁车体，同时给漆面抛光，容易擦拭干净，还可以留下一层光亮的保护膜。

【配方2-53】硅氧烷汽车抛光剂

参考配方

表2-55　硅氧烷汽车抛光剂参考配方

组分	质量分数（%）	组分	质量分数（%）
Kaopolite Aluminum Silicate Anhydrous（无水硅酸铝）	10	Dow corning 536 Fluid（二甲基硅氧烷油）	1
Witcamide 511 Surfactant（长链烷醇酰胺表面活性剂）	1	Bentone 38 Thickener（有机黏土矿物凝胶增稠剂）	0.5
干洗溶剂汽油	11	无水异丙醇	0.25
Solvent L-140（溶剂）	10.75	去离子水	59.5
Dow corning 531 Fluid（二甲基硅氧烷油）	6		

制备方法

先将Bentone 38 Thickener在高速搅拌的情况下加入水中，在搅拌条件下加入Kaopolite SF Aluminum Silicate、Witramide

511 Surfactant。将Dow corning 531 Fluid、Dow corning 536 Fluid、Solvent L-140、干洗溶剂汽油搅拌混合均匀。将油相加入水相，高速分散均匀。

使用方法

使用前先用水冲洗车辆至无泥污存留，再使用抹布蘸此液擦拭或用抛光机抛光漆面。等其完全干燥后再用干抹布擦掉。

用途特性

三相复配的硅氧烷抛光剂，本品抛光后光泽度佳且耐水冲洗。

【配方2-54】硅氧烷汽车抛光剂

参考配方

表2-56 硅氧烷汽车抛光剂参考配方

组分	质量分数（%）	组分	质量分数（%）
Dow Corning 536 Fluid（二甲基硅氧烷油）	2	干洗溶剂汽油	16.4
Dow Corning 531 Fluid（二甲基硅氧烷油）	6	Kaopolite SF Aluminum Silicate（无水硅酸铝）	10
异构硬脂酸	0.6	Witcamide 511 Surfactant（长链烷醇酰胺表面活性剂）	1
煤油	10	去离子水	54

制备方法

先将Kaopolite SF Aluminum Silicate在高速搅拌的情况下加入水中，在搅拌的情况下加入Witcamide 511 Surfactant。将Dow corning 531 Fluid、Dow corning 536 Fluid、异构硬脂酸、煤油、干洗溶剂汽油搅拌混合均匀。将油相加入水相，高速分散均匀。

使用方法

使用抹布蘸此液擦拭或用抛光机抛光漆面。

用途特性

本品将表面活性剂、溶剂、研磨剂、上光剂复配，有清洗、抛光、上光作用，使用后车体光泽度佳且耐水冲洗。

【配方2-55】蜡与硅油混合抛光剂

参考配方

表2-57 蜡与硅油混合抛光剂参考配方

组分	质量分数（%）	组分	质量分数（%）
氧化皂化蜡	16.3	油酸	2.3
完全精制石蜡	16	吗啉	3.6
硅油	8	碳酸钙	5
溶剂油	27.8	去离子水	21

制备方法

搅拌均匀制成半流体成品。

使用方法

用水冲洗车辆至无泥污存留，用去静电清洗剂清洗漆面后，使用抹布蘸此液擦拭或用抛光机抛光漆面。

用途特性

这是一种溶剂类糊状轿车抛光剂。该产品适用于较好漆面、无严重划痕漆面或使用研磨剂、抛光剂抛光漆面的修整。给漆面抛光后，光泽极好，其膜耐久性优异。

【配方2-56】油包水型清洁抛光乳膏

参考配方

表2-58　油包水型清洁抛光乳膏参考配方

组分	质量分数（%）	组分	质量分数（%）
脱味煤油	10	溶剂油类	22.4
无水硅酸铝磨料	8	无水硅酸铝	12
硬脂酸	2.5	硅氧烷乳液	5
妥尔油脂肪酸	1	去离子水	38.3
吗啉	0.8		

制备方法

混合均匀成为软糊状乳液。

使用方法

用水冲洗车辆至无泥垢存留，使用抹布蘸此液擦拭或用抛光机抛光漆面。

用途特性

这是一种耐洗涤的油包水型清洁抛光乳膏，能清洁车体上的油污，同时给漆面抛光。

【配方2–57】蜡与硅油混合抛光剂

参考配方

表2–59　蜡与硅油混合抛光剂参考配方

<table>
<tr><th></th><th>组分</th><th>质量分数（%）</th><th></th><th>组分</th><th>质量分数（%）</th></tr>
<tr><td rowspan="6">A</td><td>二甲硅油</td><td>5</td><td rowspan="2">B</td><td>吗啉</td><td>1.5</td></tr>
<tr><td>巴西棕榈蜡</td><td>1</td><td>去离子水</td><td>16</td></tr>
<tr><td>蜂蜡</td><td>1</td><td rowspan="4">C</td><td>硅藻土（研磨料）</td><td>7</td></tr>
<tr><td>油酸</td><td>2.5</td><td>超细硅藻土</td><td>7</td></tr>
<tr><td>煤油</td><td>3</td><td>聚丙烯酸（高摩尔质量）</td><td>0.1</td></tr>
<tr><td>溶剂汽油</td><td>18</td><td>去离子水</td><td>37.9</td></tr>
</table>

制备方法

将A组分加热至70℃使蜡熔化，在高剪切力的混合器中混合均匀，然后慢慢加入B组分，温度保持在71～79℃之间，在搅拌下加入C组分，冷却后即得产品。

使用方法

用打蜡海绵蘸适量抛光剂，以画小圆圈的方式均匀涂蜡，圆圈的大小以圆圈内无遗漏漆面为准，每圈盖前一圈的1/3或不低于1/4。圆圈轨迹沿车身前后直线方向。或用抛光机抛光漆面。

用途特性

该产品是将上光剂、溶剂、摩擦剂复配的产品，使用后在擦拭表面附上一层保护膜，起上光防锈作用。

2.2.5 车身漆面抛光剂选择使用和注意事项

根据汽车车身漆面情况，选择是否需研磨、抛光，如果漆面出现变色、老化、划痕等现象，需研磨后再抛光。车身表面护理需根据车身实际情况选择是否需研磨或选择合适的研磨剂、抛光剂。

2.2.5.1 研磨剂选择使用和注意事项

（1）漆面研磨的步骤

① 为了去除残蜡和油污，首先将泡沫清洗剂喷于车表，用羊毛手套（或洗车海绵）洗净、冲洗、擦干。用大毛巾（或薄膜）覆盖挡风玻璃和雨刮器。

② 为了确定使用研磨剂的种类，须对漆面问题进行判断。在不明显处和小块面积试用研磨剂。优先选用轻度研磨剂，如果缺陷较严重，再考虑用中度或重度研磨剂。产品使用顺序必须是：先“轻”，再“中”，最后“重”。

③ 将研磨（或抛光）羊毛球吹尘、梳净，安装在研磨机上，空转5～10s，将羊毛球清洁干净。

④ 在研磨球上喷少许水，把选好的研磨剂或抛光蜡倒在羊

毛或海绵研磨球上少许，用羊毛或海绵研磨球在漆面上涂抹均匀，喷少许水（雾状）。

⑤ 调整研磨机转速到1500～1800r/min，启动研磨机，沿车身方向直线来回移动，研磨球经过的长条轨迹之间相互覆盖1/3，不漏掉大面积的漆面。研磨部位按右车顶、右前机盖、右前叶子板、右前车门、右后车门、右后叶子板、后备厢盖的顺序研磨右半车身，按相反的顺序研磨左半车身。研磨车顶时可打开车门，在门边垫上毛巾，踩在门边上操作。

⑥ 如果没有机械研磨设备，可用特制的海绵或柔软的毛巾（不掉毛屑）蘸上研磨蜡进行车身漆面研磨，最好按照环状研磨操作，下一层要求压住上一层的1/4。

⑦ 对于车身边角等不宜使用研磨机的位置，采用手工法研磨。用干毛巾蘸上选好的研磨蜡或抛光蜡，把整个车身漆面的地方全部做完，包括喷漆的塑料饰件，注意此处温度不宜过高。注意边角、棱角不要用力研磨，因为这些地方漆膜较薄，较容易磨穿漆面，若磨穿则须重新喷漆。

⑧ 漆面研磨后，整车外部用清水洗车并擦干，彻底洗去残留的研磨剂。

（2）漆面研磨的验收标准

没有遗漏的地方，漆面色泽一致，车漆无明显旋纹及划痕。

（3）漆面研磨的注意事项

① 研磨剂使用时一定要涂匀，以保持良好研磨效果。

② 研磨球在使用前应清洁干净、平整，确保没有残留的颗粒。使用时若发现盘上有固体污垢，要用软毛刷清洁。使用后，应将球清洁干净，放在阴凉处风干。

③ 操作必须在室内进行，避免风沙落在漆面上造成划伤。

④ 在使用研磨机时，应避免在车身棱角位置长时间停留，以免抛露漆面。

⑤ 在一块漆面上的研磨时间，以漆面去掉氧化层、条纹、亮度光滑度与研磨前相比有明显改善为准。若某种研磨剂无法达到满意的效果，可以采用水砂纸研磨。

⑥ 研磨后，漆面允许留下研磨剂残留条纹，在抛光时可除去。

⑦ 在研磨过程中，研磨机必须避开电镀饰条、喷漆饰条、车窗防雨封条等，避免这些地方受损。

（4）漆面研磨的附加操作

① 局部深度研磨。普通研磨无法去除的划痕、腐蚀点、龟裂等，可选用水砂纸研磨，方法如下：

a. 检查缺陷状况，选好水砂纸。

b. 用水浸泡水砂纸10min以上。

c. 用干毛巾将作用部位擦干净，用水砂纸在作用部位沿划痕方向小面积直线移动8～10次，用力均匀。同时喷洗车液，以起到润滑作用。

d. 注意不要干磨，时间不要过长，随时检查漆面厚度。

e. 检查作用部位是否有明显变化，若变化不明显，重复研磨、检查，直至去除缺陷。

② 干研磨。普通研磨过程中喷水，干研磨在研磨过程中不喷水，而是向研磨盘喷少量洗车液,起到润滑、降温、滋润漆面的作用，效果比普通研磨好。

③ 漆面缺陷较多的情况下，可选用3M#5701研磨（或抛光）羊毛球代替3M#5705抛光轮或用3M#5711研磨（或抛光）羊毛球代替3M#5725海绵轮，操作方法相同。羊毛球切割力较大，容易去除缺陷。但要注意操作力度和散热，避免损伤漆面。

2.2.5.2 抛光剂选择使用和注意事项

（1）漆面抛光的步骤

首先用去污力强的漆面清洗剂清洗整车。采用清洗剂时，应避免颗粒灰尘在清洗过程中造成新划痕。对于涂面有粗粒、细微砂纸痕等缺陷的情况，应在抛光前做研磨处理。

① 设备：研磨抛光机。

② 工具：3M#5705抛光轮或3M#5725海绵轮、喷壶、纯棉毛巾等。

③ 产品：抛光晶亮蜡、水晶蜡、增艳蜡等。

④ 漆面抛光步骤如下。

a. 用大毛巾覆盖挡风玻璃和雨刮器或用专用胶带密封车身

饰件。将抛光海绵轮安装在研磨机上，空转5～10s，将海绵轮清洁干净。

b. 把抛光晶亮蜡或其他蜡用专用上蜡毛巾均匀地涂在车漆表面，并在抛光前用喷雾罐喷洒上一层水雾。

c. 启动研磨抛光机，等转速达到1800～2200r/min，沿车身方向直线来回移动，抛光盘经过的长条轨迹之间相互覆盖1/3，不漏掉大面积漆面。抛光部位的顺序：按右车顶、右前机盖、右前叶子板、右前车门、右后车门、右后叶子板、后备厢的顺序抛光右半车身，按相反的顺序研磨左半车身。研磨车顶时可打开车门，在门边垫上毛巾，踩在门边上操作。

d. 抛光时应不断保持抛光盘和漆面处于常温状态，在漆面温度升幅超过20℃时对抛光漆面喷水降温。

e. 对于车身边角不宜使用研磨抛光机的位置，采用手工方法抛光，用干毛巾蘸抛光剂抛光。把整个车有漆面的地方全部做完，包括喷漆的外饰件。注意此处温度不宜过高。注意边角、棱角，不要用力抛，因为这些地方漆膜较薄。

f. 漆面抛光后，用纯棉毛巾将整车清洁干净。

（2）验收标准

去掉研磨残余条纹；没有遗漏的地方，漆面色泽一致；和抛光前相比较，亮度有明显改善，接近于新车；出现自然光泽，报纸在漆面上呈现的倒影清晰。

（3）注意事项

① 抛光剂使用前应用力摇匀，以保持良好作用。每次抛光完毕，必须立即清洗抛光盘，以免本次残留的抛光磨渣在下一次作业时产生结焦，对抛光面造成刮伤。所有抛光盘应在使用前清洁干净、平整，确保没有残留的颗粒。应定期维护抛光机，检查其运转、润滑情况是否良好。保存时，抛光盘（海绵盘或羊毛盘）应从抛光机上拆下另行存放，以免水分流（渗）入抛光机转动轴承、啮合齿轮等部位导致机件生锈、异常损坏。

② 操作时必须在室内，避免风沙落在漆面造成划伤。在使用抛光机时，应避免在车身棱角位置长时间停留，以免抛露漆面。抛光后必须用纯棉毛巾完全清洁漆面，保证漆面干爽。

③ 抛光海绵轮也可用3M#5705抛光轮。

④ 注意面漆种类不同。风干漆与烤漆表面都可作研磨与抛光处理，但所用的研磨与抛光用品是不一样的。因为这类漆本身所含溶剂不同，用错会造成漆膜变软，裂口及变色。纯色漆与金属漆所使用的研磨与抛光用品也应区分清楚。金属漆所专用的研磨与抛光用品不但可增加漆面亮质，而且能使金属的闪光效果更清澈，更富立体感。浅颜色漆与深颜色漆的研磨与抛光用品不能混用，浅颜色漆若用了深颜色漆的研磨、抛光用品会使漆膜颜色变深，出现“花脸”；反之，漆膜颜色会变淡，出现雾影，严重影响外观。

⑤研磨剂与抛光剂要分清。研磨剂在研磨时先用，然后再用抛光剂进行抛光。如果颠倒使用，不但浪费抛光剂，而且达不到应有的研磨效果。

⑥对于边、角、棱、凸起部分以及漆膜有可能被磨穿的部位，应事先以纸胶带贴好，待机械抛光完，取下胶带，再手工进行局部抛光。对于有划痕的车漆表面，砂纸打磨时要使用汽车美容砂纸（如1500#～2000#），并且要注意打磨的深度。

⑦研磨作业完成后，必须彻底清洁抛光研磨残渣，并用压缩空气吹净边缝部位，然后进行精细抛光。

⑧对于局部较严重的划痕，在研磨抛光前应该先用专用的美容砂纸结合着水对其进行打磨，然后才用粗、中、细三种研磨剂进行研磨抛光作业。机械抛光时，应做好电镀边和胶质饰件的遮蔽保护。

⑨使用抛光机进行抛光作业时，应避免电源线或高压空气软管擦伤车身漆面。

2.3 车身光亮剂

汽车车体长年暴露在外，主要饱受以下“三害”的侵袭：太阳光的紫外线照射，酸雨，以及灰尘、砂粒、油污、油脂、树液、胶质、昆虫遗体、鸟粪、沥青等这些污染物附着在车漆上侵蚀污染漆面，或者在汽车高速运行时冲击漆面对车漆的伤害。所以，即使是光鲜亮丽的新车，若疏于养护，过不了一年半载，就会在上述“三害”的摧残下，美丽不再，光泽暗淡。故而，基于对座驾的爱护，应在新车购进时就做好上蜡保养工作，至少一个月打两次蜡。

可用于汽车清洗、上光的原料种类繁多，品牌车蜡配方组分中大多是以阴、阳离子或两性表面活性剂为基础进行调配的。乳化型汽车清洗光亮剂主要包括阴离子表面活性剂、含氨基官能团有机硅、蜡、阳离子表面活性剂等。此外，光亮剂中还可以加入其他成分，如紫外线吸收剂、溶剂、香料、着色剂、防腐剂、增稠剂、中和剂和稳定剂，主要用于汽车漆面上光。

2.3.1 车身光亮剂作用原理

光亮剂，又称保护剂、封闭剂，可用于车辆（汽车、摩托车、自行车等）和家用设备的漆膜及电镀表层表面上光及保护，通过在车身表面覆盖一层外罩，封闭保护漆面并防止漆面氧化，增加漆面光亮度和耐久性。车蜡是保护漆面的重要产品。这种产品的主要原理是利用蜡分子防尘防水等特性，另外配合其他化学辅料而起到去污、防酸、防紫外线等作用，在起到保护车漆作用的同时还可以增加一定的光泽度和耐久性。有一些车蜡生产厂家还充分考虑各地环境和消费习惯的差异，生产了诸如色彩蜡、耐高温蜡等特殊品种的车用光亮剂。

光亮剂的主要作用如下。

（1）防水

汽车表面残留的水滴一般呈半球状，在强光照射下会产生透镜作用，在它的聚焦作用下，焦点处温度可能达数百摄氏度，从而使漆面形成暗斑，甚至会灼伤漆面，极大地影响漆面的质量及使用寿命。光亮剂能使车体漆面上的水滴附着减少60%～90%，优质的光亮剂可以使水滴几乎无法附着，大大降低了车身遭受侵蚀的可能性，最大限度地保护了漆面。

（2）防紫外线

日光中的紫外线较易折射进入漆面，光亮剂可以使紫外线对车表的侵害降至最低。紫外线的特性决定了紫外线易于折射进入漆面，防紫外线光亮剂充分考虑了紫外线的特性，使其对车表的侵害得以最大限度的降低。

（3）上光

上光是光亮剂的最基本作用，经上光的车辆都不同程度地改善了其漆面的光洁程度，使车体恢复亮丽本色。

（4）抗高温

光亮剂对来自不同方向的入射光产生有效反射，防止入射光穿透罩光清漆层而导致底色漆老化变色，从而延长漆面的使用寿命。

（5）防静电

将车漆表面与外界相隔离，既防止尘埃、砂粒与车漆表面的摩擦，又有效防止了车表静电的产生，大大改善了带电尘埃在车体表面的附着情况。

（6）防划伤

坚硬的蜡膜可以抵御车辆高速行驶时空气中悬浮的尘埃、砂粒等对车体的冲击及洗车、擦车时砂粒、硬物的摩擦，防止划痕的产生。

2.3.2 车身光亮剂用添加剂

车身光亮剂的常用添加剂主要有石蜡、矿物油、硅油（光亮剂）矿物油、油酸、乙二醇、十二醇，三乙醇胺、脂肪醇聚氧乙烯（7）醚、一乙醇胺、椰子油油酸烷醇酰胺、香精。

2.3.2.1 溶剂

溶剂的主要作用是溶解蜡类物质和清洁被涂饰表面的污迹。溶剂又分为水性溶剂和油性溶剂。水性溶剂起到清洗、容纳污物的作用，常用的是水。油性溶剂起到清洗、容纳油溶性污物的作用，它们既要有一定的稳定性，又要有一定的挥发性，还不能对漆膜产生不良影响。较为常用的是烃类、酯类、醚类等物质，如松节油、轻质矿油、脱臭煤油、烷基苯酯、乙二醇丁醚等。吗啉具吸湿性，也可用作蜡的溶剂，用于光亮剂中，可防止表面遇水再乳化现象的出现。

2.3.2.2 增稠剂

在水基抛光剂中的作用是稳定分散液，即在水中分散的磨料于室温下放置100h，无固体粒子沉淀在容器底部，或轻轻摇动就可使已沉淀的固体粒子重新分散。通常使用的有机增稠剂有多糖化合物、合成聚合物或其混合物。多糖化合物包括瓜耳树胶、阿拉伯树胶等天然树胶和各种纤维素醚和酯。合成聚合物有聚丙烯酯和聚丙烯胺。带有部分羧酸钠的高级脂肪酸改性聚二甲基硅氧烷树脂（水液pH值为9）和羧甲基纤维素钠（水液pH值为8）等，主要作用是调整乳液的黏度。增稠剂作为磨料稳定剂，能使乳状体具有一定的黏度和触变性，以保证磨料在乳状体中分布均匀，不沉降。

2.3.2.3 UV吸收剂

主要作用是阻挡紫外线对汽车漆面的伤害，典型紫外线吸收剂包括苯并三唑、苯甲酮等；聚合物骨架上含有聚合UV发色团吸收剂；紫外线稳定剂可采用2-异辛基-2-氰基-3，3-二苯基丙烯酸酯，在配方中添加量为0.1%～0.5%（质量分数），最佳量为0.2%（质量分数）。若添加量低于0.1%（质量分数），则没有明显的防紫外线效果。

2.3.2.4 香料

调整气味。

2.3.2.5 着色剂

调整光亮剂的颜色。

2.3.2.6 防腐剂

包括二羟甲基二甲基乙内酰脲（海因）。如Lonza公司生产的Dantogard和1,2–二溴–2,4–二氰基丁烷；Calgon公司生产的Tektamer 38AD和2–羟甲基乙醇胺；Troy Chemical公司生产的Troysan174和苯甲酸钠等。

2.3.2.7 中和剂或稳定剂

通常为无机或有机酸，如醋酸等。

2.3.3 车身光亮剂类型与性能

常用的车身光亮剂的种类有车用油基清洁光亮剂、车用乳化清洁光亮剂和车用水基清洁光亮剂。

车身油基光亮剂的主要成分为蜡、有机溶剂及其他辅助材料，可用于车辆（汽车、摩托车、自行车等）和家用设备的漆膜及电镀表层表面去污、上光及保护。

车用乳化型清洁光亮剂是由蜡、有机溶剂、表面活性剂及水等配制而成的。在表面活性剂的作用下，水分散成微细的水珠，被蜡和有机溶剂形成的连续相包围起来，形成油包水型乳化清洁光亮剂。具有耐洗涤、抛光性能好、涂膜易擦掉等特点。可用于高中档汽车、摩托车等各种车辆、家具漆面的擦拭清洁，并起上光作用。

车用水基清洁光亮剂由蜡、油酸及水等配制而成，其中，水在配方中占主体，占50%～80%。具有对人体无害、成本低、无环境污染及制造工艺简单等特点。除用于车辆清洁上光外，也可用于家用电器及家具的表面去污及上光处理。

同时，很多功能性的光亮剂也可增强漆面驱水能力，令汽车漆面过水后，残留的水滴减少，自然干后的水痕迹也减少，具备美观效果。玻璃上的驱水效果在下雨天也可以一定程度上减少雨滴对行车视线的影响，提高行驶的安全性。

那么这类产品是如何产生驱水效果的呢？处理后的漆面形成一层低表面张力的保护膜，水珠在上面会形成“荷叶效应”，与漆面的接触角会增大，然后在速度和重力作用下持续下滑，从而减少了水珠在漆面的残留。

如图2-1所示，加入有驱水效果的产品后，水珠在玻璃和漆面形成3或4的效果，就能达到良好的驱水效果。

图2-1　水珠在不同类型表面的形态

2.3.4 车身光亮剂配方及制备

【配方2-57】漆面镀晶CRS50A

使用说明

漆面镀晶CRS50A，是一款纳米级漆面结晶镀晶产品，能够使车漆面形成镀晶保护层，显著减少外界对车漆带来的损伤。可防止漆面氧化，减少细微刮痕产生，抗酸耐腐蚀，能够显著提升漆面抗污性和光洁度，使漆面保持亮丽如新。

使用步骤

①用洗车液把漆面清洗干净，擦干水。

②把脱脂剂喷在毛巾上擦拭，进行脱脂。

③把镀晶液CRS50A滴在涂抹布包裹的海绵上，每次以井字法涂抹50cm×50cm大小漆面。

④均匀涂抹后，静置2～3min，然后用干净不掉毛的毛巾轻轻擦拭均匀，至光亮无痕迹。

注意事项

①涂镀晶产品前必须进行漆面清洁和脱脂、抛光或研磨步骤，将油性物质和污渍清洁干净，镀晶产品才能更好地在漆面结晶形成保护层。

②施工完须用干净不掉毛的毛巾擦拭，有掉毛会影响镀晶平整度。

③施工完成后24h不能驾驶和碰水，以免镀晶未完全导致沾

或黏灰和影响结晶。

Skytech®PSF010是一种特种低聚物乳液的水性驱水镀晶，对汽车漆面及玻璃具有优异的疏水性能，可形成“荷叶效应”，且具有润滑手感和光亮度，持久护车100d。产品相容性好，体系产品稳定，应用方便，经简单稀释后即可使用。

【配方2-58】玻璃漆面通用驱水光亮剂Skytech®PSF010

使用建议

①直接稀释100倍，可用于车漆及玻璃的水性镀晶，具有优异的防水效果和持久性。

②复配甘油使用，具有疏水性的同时提升汽车漆面光亮度。

参考配方

表2-60　玻璃漆面通用驱水光亮剂Skytech®PSF010参考配方

原料	质量分数（%）
Skytech®PSF010	80% ~ 90%
甘油	10% ~ 20%

按上述所需比例混合搅拌均匀，稀释100倍使用。

直接稀释200 ~ 500倍，可用作汽车收水剂。

使用方法一

①使用前，先用普通洗车液洗去除黏附于车身的砂石和颗粒。

②按所需比例将Skytech®PSF010稀释后，用干净的海绵蘸取

水溶液或均匀喷于车漆和玻璃，然后用干净的湿（或干）毛巾轻微擦拭即可。

使用方法二：

将Skytech®PSF010直接稀释100倍后，喷于车漆和玻璃，用干毛巾轻擦一遍灰尘，再用干毛巾擦拭干净，即可完成清洁和水性镀晶步骤。

【配方2-59】驱水洗车液

使用说明

驱水洗车液集洁净和驱水功能为一体，泡沫丰富细腻，能轻松洗去车身表面污渍的同时，其具有的驱水因子可让水分快速滑落，有效避免了洗车后由于水珠的快速蒸发而导致车身留下水痕的问题，并且能减少擦车时间，有效提高洗车效率。

参考配方

表2-61 驱水洗车液参考配方

成分	质量分数（%）	作用
FCC001（改性有机硅）	5% ~ 10%	驱水手感剂
CD008（非离子表面活性剂）	10%	清洗助剂
CAB-35（椰油酰胺丙基甜菜碱）	15%	清洁，发泡
水	余量	—

制备方法

将上述原料按比例混合搅拌均匀即可。

使用方法

①建议使用前先用清水冲洗车身，除去砂石或泥垢。

②将产品1：100稀释后搅拌至起泡，均匀喷于车身表面。

③用海绵或毛巾蘸取洗车液依次将车身擦拭均匀。

④将车身用清水冲洗干净即可。

【配方2-60】油基清洁光亮剂

参考配方

表2-62　油基清洁光亮剂参考配方

组分	质量分数（%）	组分	质量分数（%）
液体石蜡	64.5	煤油	3.2
天然亚麻油	25.7	乙酸戊酯	0.4
桐油	6.2		

制备方法

将所有原料混合均匀，并加入适当的丙酮以调整黏度，充分混合后密封储存。

使用方法

喷涂在清洁并已擦拭干的汽车外壳上，30min后用布或棉纱擦拭光亮即可。

用途特性

增加漆面光线漫反射能力，保护漆面。

【配方2-61】糊状轿车光亮剂

参考配方

表2-63 糊状轿车光亮剂参考配方

组分	质量分数（%）	组分	质量分数（%）
聚乙烯均聚物（A-C6或C8）	7.55	硬脂酸	7.55
石蜡	5	三乙醇胺	4.54
微晶蜡	4.46	去离子水	55.3
溶剂油	15.6		

制备方法

将三乙醇胺、聚乙烯均聚物（A-Cs或Cs）加入水中搅拌均匀；将石蜡、微晶蜡、硬脂酸加入溶剂中搅拌均匀。开启快速搅拌，将油相混合物加入水相，搅拌到均匀为止。

使用方法

用水冲洗车辆至无泥污存留，使用抹布蘸此液擦拭或用抛光机光亮漆面。

用途特性

该产品适用于较好漆面、无严重划痕漆面或使用研磨剂、光亮剂光亮漆面的修整。这是一种溶剂类糊状轿车光亮剂。对漆面进行光亮处理后，光泽极好，其膜耐久性优异。

【配方2-62】多功能一体化清洁光亮剂

参考配方

表2-64　多功能一体化清洁光亮剂参考配方

组分	质量分数（%）	组分	质量分数（%）
混合蜡	10 ~ 30	CMC（羧甲基纤维素钠）	0.3 ~ 3
APG(烷基糖苷)、AES（脂肪醇聚氧乙烯醚硫酸钠）和LAS（直链烷基苯磺酸钠）混合表面活性剂	5 ~ 20	色素	0.5 ~ 2.5
三乙醇胺	1 ~ 5	去离子水	50 ~ 80
四硼酸钠	0.5 ~ 3		

制备方法

①将混合蜡在85 ~ 100℃温度下完全熔化。

②在85 ~ 95℃温度和250 ~ 300r/min的搅拌速度下，把加热到100℃的三乙醇胺溶液加入步骤①中熔化所得的100℃混合蜡中并搅拌均匀。

③在85 ~ 95℃温度和250 ~ 300r/min的搅拌速度下，在水中加入混合表面活性剂APG、AES和LAS的混合溶液，并搅拌均匀。

④在85 ~ 95℃温度和250 ~ 300r/min的搅拌速度下，将步骤②所制得的混合液加入步骤③的混合液中。

⑤在85～95℃温度和250～300r/min的搅拌速度下，向步骤⑤所制得的混合液中加入四硼酸钠溶液、CMC和色素，并搅拌均匀。

⑥在150～200r/min的搅拌速度下冷却步骤⑤中所制得合剂至20～30℃并封装成桶。

使用方法

用打蜡海绵蘸适量车蜡，以画小圆圈的方式均匀涂蜡，圆圈的大小以圆圈内无遗漏漆面为准，每圈盖前一圈的1/3或不低于1/4。圆圈轨迹沿车身前后直线方向，或用抛光机光亮漆面。

用途特性

绿色环保型车用多功能一体化清洁光亮剂，去污清洁的同时在擦拭表面附上一层憎水性保护膜，起上光防锈作用。

【配方2-63】车辆清洗上光剂

参考配方

表2-65　车辆清洁上光剂参考配方

组分	质量分数（%）	组分	质量分数（%）
固体石蜡	0.1 ～ 4	十二烷基醇聚氧乙烯（9）	0.5 ～ 10
液体石蜡	0.5 ～ 10	双十八烷基二甲基氯化铵	0.1 ～ 2
油酸	0.1 ～ 2	氯化铵三乙醇胺	0.5 ～ 2.5
羧甲基纤维素	0.2 ～ 4.5	聚乙二醇	0.5 ～ 10
壬基酚聚氧乙烯（10）醚	1 ～ 20	去离子水	35 ～ 85

制备方法

①称取一定量的固体石蜡和液体石蜡，将两者合并加热至熔化。

②分别称取适量的油酸、壬基酚聚氧乙烯（10）醚、十二烷基醇聚氧乙烯（9）醚、三乙醇胺、聚乙二醇溶于适量去离子水中，加热至80～90℃搅拌均匀。

③将油相加入水相，均质，冷却后灌装。

使用方法

用打蜡海绵蘸适量车蜡，以画小圆圈的方式均匀涂蜡，圆圈的大小以圆圈内无遗漏漆面为准，每圈盖前一圈1/3或不低于1/4。圆圈轨迹沿车身前后直线方向，或用抛光机光亮漆面。

用途特性

本产品是由蜡、非离子和阳离子表面活性剂复配产品，可立即去污垢，同时在擦拭表面附上一层保护膜，起上光防锈作用，同时有抗静电作用。

【配方2-64】汽车水基清洁光亮剂

参考配方

表2-66 汽车水基清洁光亮剂参考配方

组分	质量分数（%）	组分	质量分数（%）
液体石蜡	7	聚乙烯醇	1

续表

组分	质量分数（%）	组分	质量分数（%）
平平加	1.5	十八醇	3
蜂蜡	3	脂肪醇聚氧乙烯醚	3
十二烷基硫酸钠	0.5	去离子水	81

制备方法

将蒸馏水和十二烷基硫酸钠混合加热到85℃，将石蜡、平平加、蜂蜡、聚乙烯醇、十八醇、脂肪醇聚氧乙烯醚混合加热到82℃。将水相加入油相，均质乳化，待温度降低后，脱气，装罐。

使用方法

使用抹布蘸此液擦拭或用抛光机光亮漆面。

用途特性

软性乳化型清洁上光剂，这种清洁上光剂集清洁上光功能为一体，去污力强，上光性好，使用方便，易去垢，不吸尘，经日晒雨淋仍能保持光亮，且耐热，温度达40℃时不会分离。

【配方2–65】车用水基清洁上光剂

参考配方

表2–67　车用水基清洁上光剂参考配方

组分	质量分数（%）	组分	质量分数（%）
巴西棕榈蜡	10 ～ 15	三乙醇胺	1.5 ～ 4.5
氢氧化钠（50%溶液）	0.5 ～ 2	香精	适量
油酸	2 ～ 4	去离子水	余量

制备方法

在带搅拌器的搪瓷釜中加入油酸，在搅拌下加入巴西棕榈蜡，使蜡溶解后，加入三乙醇胺，混合均匀。在不断搅拌下加热到90～97℃，加入氢氧化钠溶液及质量比为3%～7%的去离子水，搅拌至呈凝胶状后，再加入余量去离子水（用沸水），搅拌冷却至室温，加入香精，搅匀后即可出料包装。

使用方法

用打蜡海绵蘸适量车蜡，以画小圆圈的方式均匀涂蜡，圆圈的大小以圆圈内无遗漏漆面为准，每周盖前一圈的1/3或不低于1/4，圆圈轨迹沿车身前后直线方向，或用抛光机光亮漆面。

用途特性

立即除去污垢，同时在擦拭表面附上一层保护膜。起上光防锈作用。本品由蜡、油酸及去离子水等配制而成，其中，去离子水在配方中占主体，占50%～80%，具有对人体无害、成本低、无环境污染及制造工艺简单等特点。

【配方2-66】油基清洁光亮剂

参考配方

表2-68 油基清洁光亮剂参考配方

组分	质量分数（%）	组分	质量分数（%）
油酸	3～8	二甲硅油	0.3～1
一乙醇胺	0.5～1.6	矿物油	25～34
三乙醇胺	0.4～0.8	N,N-双（2-羧基乙基）烷基胺	0.05～0.1
二乙醇胺	0.4～1.2	四氯乙烯	55～65
硬脂酸	0.4～0.8		

制备方法

①将油酸、三乙醇胺、硬脂酸、二甲硅油、一乙醇胺及二乙醇胺放在带搅拌器的搪瓷釜中混合均匀。

②将四氯乙烯、矿物油及N,N-双（2-羧基乙基）烷基胺放在另一带搅拌器的搪瓷釜中混合均匀。

③将步骤①所得溶液加入步骤②的搪瓷釜中，先搅拌均匀，然后慢慢升温到70℃，继续搅拌30min，既可出料包装。

使用方法

用打蜡海绵蘸适量光亮剂，以画小圆圈的方式均匀涂布。圆圈轨迹沿车身前后直线方向。或用抛光机光亮漆面。

用途特性

配方中的表面活性剂具有去污作用，可去除污垢，同时油性成分在擦拭表面附上一层保护膜，起上光防锈作用。

【配方2-67】氨基硅油光亮剂

参考配方

表2-69　氨基硅油光亮剂参考配方

组分	质量分数（%）
氨基硅油	44
异丙醇（99%）	50
冰醋酸	6

制备方法

将冰醋酸和异丙醇混合后加入氨基硅油中，混合物在此浓度下具有良好储存稳定性。

使用方法

使用时用水稀释，如1份上述溶液兑20份水，用泡沫或棉布擦拭汽车表面，不用等待其干燥即可用水冲刷。

用途特性

这是一个氨基硅油高含量配方，用本品进行光亮处理后汽车车漆光泽度极佳且耐水冲洗。增加漆面光线漫反射能力，保护漆面，防止灰尘黏附。

【配方2-68】硅氧烷汽车光亮剂1

参考配方

表2-70 硅氧烷汽车光亮剂参考配方1

组分	质量分数（%）	组分	质量分数（%）
二甲硅油乳化液（固体总含量约为35%）	2	2-氨基苯甲酸	2
阳离子乳化硅油(a)（固体总含量约为20%）	5	助剂	3
阳离子乳化硅油(b)（固体总含量约为20%）	2	去离子水	余量

制备方法

制备硅氧烷汽车光亮剂，硅油的添加顺序对乳液的稳定性很重要。在一定的搅拌速度下，按以下顺序生产乳化硅油：首先，将二甲硅油加入含有表面活性剂的一定量的去离子水中搅拌分散；然后加入氨基化硅氧烷；再加入阳离子乳化硅油；再加去离子水形成100%的乳化硅油；加去离子水后再加入其他助剂，将混合物再搅拌30min即可。

使用方法

它可以装在小型喷雾器中，普通用户只需将它喷洒到汽车面漆上，再用布擦干，就能得到一层高光泽度的薄的保护层。

用途特性

硅氧烷光亮剂具有自流平、易分散的特点，而且不含蜡和研磨成分，不会因磨损和氧化而发生变质。此外，该剂无毒、对环境友好，是广大用户保养、维护汽车的理想产品。

【配方2–69】硅氧烷汽车光亮剂2

参考配方

表2–71　硅氧烷汽车光亮剂参考配方2

组分	质量分数（%）	组分	质量分数（%）
亲水性有机溶剂	10 ~ 55	有机硅树脂	1
甲基硅氧烷	5	助剂	3
聚醚改性聚硅氧烷	2	去离子水	20 ~ 80

制备方法

在一定的搅拌速度下，按以下顺序生产乳化硅油：首先，将甲基硅氧烷、聚醚改性聚硅氧烷、有机硅树脂依次加入亲水性有机溶剂中，搅拌分散；将助剂加入去离子水中，将油相加入水相搅拌均匀即可。

使用方法

它可以装在小型喷雾器中，普通用户只需将它喷洒到汽车面漆上，再用布擦拭均匀，就能得到一层高光泽度的薄的保护层。

用途特性

硅氧烷光亮剂具有自流平、易分散的特点。此外，该剂无毒、对环境友好，是广大用户保养、维护汽车的理想产品。

【配方2-70】不透明胶状光亮剂

参考配方

表2-72 不透明胶状光亮剂参考配方

组分	质量分数（%）	组分	质量分数（%）
硅氧烷聚醚	1	丙二醇	30
去离子水	50	D4、D5和D6的混合物	17
有机硅树脂	2		

D4为环状八甲基环四硅氧烷；D5为十甲基环五硅氧烷；D6为十二甲基环六硅氧烷。

制备方法

将有机硅树脂、硅氧烷聚醚、D4、D5和D6的混合物混合均匀，将去离子水、丙二醇混合均匀加到油相中，再对两相混合液进行适当搅拌。

使用方法

用清洁剂清洁车体表面，然后使用抹布蘸此膏体擦拭或用抛光机光亮漆面。

用途特性

对车体表面涂层有持久保护作用，对车体划痕有修复作用，等于给车表面上了一层保护膜，使车体保持持久光亮。

【配方2–71】透明胶状光亮剂

参考配方

表2–73 透明胶状光亮剂参考配方

组分	质量分数（%）	组分	质量分数（%）
硅氧烷聚醚	1	二乙二醇正丁醚	47.1
去离子水	32.9	D4、D5和D6的混合物	17
第四种有机硅树脂	2		

制备方法

①将水相成分混合在一起，测其折射率。同时混合有机硅相成分，并测其折射率。

②调整水相中的水和水溶性亲水有机溶剂的比例，使水相的折射率满足两相匹配的折射率要求，即在0.2×10^{-2}以内为透明光亮剂。如果两相折射率超过0.2×10^{-2}，即认为不匹配，那么制得的光亮剂将是基本透明或半透明的。一般情况下，水过量会降低水相的折射率，而水溶性亲水有机溶剂过量会增加水相的折射率。

③将调整合适的水相加到有机硅油中，再对两相混合液进

行适当搅拌。

使用方法

用清洁剂清洁车体表面，然后使用抹布蘸此膏体擦拭或用抛光机光亮漆面。

用途特性

实验和使用结果证明，尽管两种光亮剂对有机涂层的光亮都有效，但比较来说，透明胶状光亮剂优点更多、光亮效果更好。值得指出的是，这两种光亮剂配方是基本配方，研究和使用者可根据实际应用对配方进行改变和调整，也可添加其他任选成分。

【配方2-72】蜡与硅油混合光亮剂1

参考配方

表2-74　蜡与硅油混合光亮剂参考配方1

组分	质量分数（%）	组分	质量分数（%）
巴西棕榈蜡	8	甲基硅油	16
吗啉	3	香精	0.4
石蜡	6	松节油	30
乳化剂	7.6	去离子水	29

制备方法

将巴西棕榈蜡、石蜡熔融，再将混合物溶解在松节油中。溶液温度保持在大约90℃。加入硅油、吗啉和油相乳化剂，然后在90℃时加入去离子水和水性乳化剂的混合液，均匀搅拌至冷却为止，当混合物接近冷却时加入香精，灌装成品。

使用方法

使用抹布蘸此膏体擦拭或用抛光机光亮漆面。

用途特性

该产品是一种耐洗涤、油包水型的清洗光亮剂。蜡与硅油混合而成的光亮剂，可以弥补传统产品中光亮剂涂覆蜡不均匀或增光剂与现代汽车上漆技术不配套的缺陷。

【配方2-73】蜡与硅油混合光亮剂2

参考配方

表2-75　蜡与硅油混合光亮剂参考配方2

组分	质量分数（%）	组分	质量分数（%）
微晶蜡	1	三乙醇胺	0.2
吐温 80	2.5	巴西棕榈蜡	2
乙二醇	1	防腐剂	0.2
氨基硅油	1	香精	0.4
烷基硅油	3	去离子水	88.7

制备方法

将去离子水和吐温80混合加热到85℃，将微晶蜡、氨基硅油、烷基硅油、三乙醇胺、巴西棕榈蜡、防腐剂混合加热到82℃。将水相加入油相，均质乳化，待温度降低后，加入香精，搅拌均匀，脱气，灌装。

使用方法

使用抹布蘸此膏体擦拭或用抛光机光亮漆面。

用途特性

蜡与硅油混合光亮剂，可以使上光均匀，耐水洗。

【配方2-74】车用乳化型清洁上光剂配方

参考配方

表2-76 车用乳化型清洁上光剂配方

组分	质量分数（%）	组分	质量分数（%）
巴西棕榈蜡	2 ~ 7	甲基硅油	0.5 ~ 4.5
椰油脂肪酰二乙醇胺	3 ~ 7	脂肪醇聚氧乙烯（7）醚	1 ~ 3
石蜡	5 ~ 7	脂肪醇聚氧乙烯（10）醚	1 ~ 3
椰子油酸烷醇酰胺	2 ~ 6	香精	适量
矿物油	5 ~ 27	去离子水	余量
硅酸铝	1 ~ 3		

制备方法

①在带搅拌器的容器中，将石蜡加热至100℃熔化，按配比加入矿物油、巴西棕榈蜡、甲基硅油、脂肪醇聚氧乙烯（7）醚、脂肪醇聚氧乙烯（10）醚、椰油脂肪酰二乙醇胺、椰子油酸烷醇酰胺。

②在另一容器中加入去离子水及硅酸铝，加热至70～80℃。

③在搅拌下，将步骤②所得的溶液慢慢加入步骤①的混合油相中，搅拌冷却至40℃左右加入香精搅拌。冷却至室温即可出料包装。

使用方法

用打蜡海绵蘸适量车蜡，以画小圆圈的方式均匀涂蜡，圆圈的大小以圆圈内无遗漏漆面为准，每圈盖前一圈的1/3或不低于1/4，圆圈轨迹沿车身前后直线方向，或用抛光机光亮漆面。

用途特性

本品是由蜡、有机溶剂、表面活性剂及水等配制而成。在表面活性剂的作用下，水分散成微细的水珠，被蜡和有机溶剂形成的连续相包围起来，形成油包水型乳化清洁上光剂。具有耐洗涤、光亮性能好等特点。可用于中高档汽车、摩托车等各种车辆、家具漆面的擦拭清洁，可除去污垢，同时在擦拭表面附上一层憎水性保护膜，起上光防锈作用。

【配方2-75】蜡与硅油混合光亮剂3

参考配方

表2-77 蜡与硅油混合光亮剂参考配方3

组分	质量分数（%）	组分	质量分数（%）
巴西棕榈蜡	11	去离子水	69.53
石蜡	3.76	硅油	2.8

续表

组分	质量分数（%）	组分	质量分数（%）
微晶石蜡	1.57	尼泊金丁酯	1.7
硬脂酸	6.6	香精	0.5
三乙醇胺	2.54		

制备方法

将以上原料充分混合，混合液以85%（质量分数）与氟利昂-12制成灌装气雾剂。

使用方法

在清洗洁净的汽车外壳上均匀喷洒即可上光。

用途特性

这是一款混合蜡与硅油复配的车用上光剂，制成喷雾剂使用方便，可以增加漆面光线漫反射能力，持久保护漆面，防止灰尘黏附。

【配方2-76】蜡与硅油混合光亮剂4

参考配方

表2-78　蜡与硅油混合光亮剂4

组分	质量分数（%）
微晶蜡	2.9 ～ 5
硅油	1 ～ 1.5
溶剂汽油	96.1 ～ 93.5

制备方法

将微晶蜡、硅油、溶剂汽油混合均匀作为原液，以此原液50%～70%与氟利昂-12制成泡沫状罐装气雾剂。

使用方法

在清洁洁净的汽车外壳上均匀喷洒，再用布擦拭均匀，即可上光。

用途特性

这是蜡和硅油复配制得的光亮剂，增加漆面光线漫反射能力。

【配方2-77】蜡与硅油混合光亮剂5

参考配方

表2-79　蜡与硅油混合光亮剂5

组分	质量分数（%）	组分	质量分数（%）
复合蜡	2～4	烷基二乙醇酰胺	3～5
硅油	2	AES	4～6
三乙醇胺	1	苯甲酸钠	0.2
TX-10	1	对羟基苯甲酸乙酯	0.2
硬脂酸	1	去离子水	余量

制备方法

在带搅拌器的容器中，将复合蜡、硅油、三乙醇胺、TX-

10、硬脂酸、AES按比例加入。在另一容器加入去离子水、烷基二乙醇酰胺、苯甲酸钠、对羟基苯甲酸乙酯均匀搅拌。最后在搅拌状态下，将油相溶液缓慢加入，搅拌至均匀。冷却至室温即可出料。

使用方法

在清洗洁净的汽车外壳上均匀喷洒，再用布擦均匀，即可上光。

用途特性

这是一款复合表面活性剂和复合蜡、硅油复配的车上光剂，该产品集去污、上光为一体，去污的同时增加漆面光线漫反射能力，保护漆面。

【配方2-78】蜡与硅油混合上光剂1

参考配方

表2-80　蜡与硅油混合上光剂参考配方1

组分	质量分数（%）	组分	质量分数（%）
增稠剂	1.25	蜡乳液	10
季铵盐表面活性剂	6.7	氨基硅氧烷	1
异丙醇	0.32	香料	0.15
2-丁氧基乙醇	3	去离子水	73.08
二甲基硅氧烷	4.5		

制备方法

首先在带搅拌器的容器中，将蜡乳液加热至100℃，按比例依次加入二甲基硅氧烷、氨基硅氧烷、季铵盐表面活性剂、异丙醇、2–丁氧基乙醇。其次，在另一容器中加入去离子水及胶态硅酸铝，加热至70～80℃。最后在搅拌下，将油相溶液缓缓加入，搅拌至40℃左右加入香精搅匀。冷却至室温即可出料。

使用方法

在清洗洁净的汽车外壳上均匀喷洒，再用布擦拭均匀，即可上光。

用途特性

本品是阳离子表面活性剂与蜡乳液及硅油复配的产品，能在车体表面形成一层保护膜，使车体保持光亮。同时有抗静电、防腐防锈功能。

【配方2–79】蜡与硅油混合上光剂2

参考配方

表2–81　蜡与硅油混合上光剂参考配方2

组分	质量分数（%）	组分	质量分数（%）
复合蜡	2～4	防腐剂	0.2
聚二甲基硅氧烷	3～5	脂肪醇聚氧乙烯醚	2～4

续表

组分	质量分数（%）	组分	质量分数（%）
甲基硅油	1 ~ 2	丙烯酸树脂	1
CMC	0.2 ~ 0.4	去离子水	余量

制备方法

在带搅拌器的容器中，将复合蜡、聚二甲基硅氧烷、甲基硅油丙烯酸树脂按比例依次加入。在另一容器中加入去离子水高速搅拌，加入CMC，搅拌均匀后加入脂肪醇聚氧乙烯醚。最后在搅拌下，将油相溶液缓缓加入，搅拌至均匀。冷却至室温即可出料。

使用方法

用抛光机光亮漆面。

用途特性

本品由复合蜡、硅油和树脂复配；通过抛光机施于表面，修复表面微小划痕，同时在表面形成一层较持久的保护膜，光亮后光泽度佳且耐水冲洗。

2.3.5 车身光亮剂的选择使用及注意事项

车身光亮剂操作工艺不尽相同，可根据不同的情况选择使用。

2.3.5.1 光亮剂的选用原则

传统车蜡附着力低，一般需要3～5h才能彻底干透；含油量较高，不易干，很容易黏上尘土及其他空气中的尘埃；熔点低，保持时间短，尤其是在炎热的夏季；抗硬水能力差，很难抵抗酸雨的侵蚀。

现代车蜡多为聚合物（树脂）配方，打蜡后立即光亮，光亮材料不造成划痕，上光后多余的蜡都被抛掉，只在漆面上留下一层膜；蜡的光泽度好，打蜡后保持时间在3～12个月；蜡的熔点高；防水功能非常强；附着力强，洗车时不易脱落；防腐、防磨功能强。所以，现代车蜡的使用越来越普遍。

目前，市场上光亮剂的种类繁多，既有固体、液体之分，也有高档、中档之分，还有国产和进口之分。市场上出售的汽车美容光亮蜡其包装及型号多种多样，而且几乎全部是进口产品，如美国3M、龟博士，日本GG和意大利BETA等，这些进口产品的中文介绍让人眼花缭乱。此外，各种车蜡的性能不同，其作用与效果也不一样。因此，要求选购者具有一定的知识，在选用时必须要慎重，并能根据汽车漆面的实际情况来具体选择，如选择不当不仅不能保护车体，反而会使车漆变色。

上光蜡的选择应根据车漆保护的需要进行，尽量根据车蜡的不同功效结合车漆特点精心选择，漆面较靓的轿车要用蜡质精细、颗粒细幼的名牌车蜡，这样效果会更加明显。打蜡时视漆面新旧而选择不同质地的车蜡。

（1）根据车蜡的功能来选择

由于车辆的运行环境千差万别，在光亮剂的选择上对汽车漆面的保护作用应该有所侧重。例如，沿海地区宜选用防盐雾功能较强的车蜡；空气污染严重的地区宜选用防酸雨功能较强的车蜡；多雨地区宜选用防水性能优良的车蜡，日照充足的地区宜选用防紫外线、抗高温性能优良的车蜡。

（2）根据漆面质量来选择

对于中高档轿车，其漆面的质量较高，宜选择高档车蜡；对于普通轿车或其他车辆，可选用经济实用的车蜡。

（3）根据车蜡颜色来选择

在使用色彩蜡时，要注意车蜡颜色与车漆颜色一致。一般深色车漆选用黑色、红色、绿色系列的车蜡，浅色车漆选用银色、白色、珍珠色系列车蜡。此外，应区分实用纯色漆与金属漆的光亮蜡，因为金属漆所专用的光亮蜡不但可以增加漆面亮质，而且能使金属的闪光效果更清澈，更富立体感。

（4）根据漆面新旧程度来选择

新车或新喷漆的车辆，应选用无研磨剂、保护性好的光亮剂，以保持车身的光泽和颜色；已有损伤的漆面可选用软蜡，同时进行光亮和打蜡处理；划痕较严重的漆面可选用砂蜡和粗蜡，使用时先进行研磨、光亮处理，再用上光蜡上光。对旧车或漆面有漫反射光痕的车辆，可选用含研磨剂的软蜡或液蜡对其进行光亮处理，再用上光蜡上光。因为旧车随行车时间、环境的改变而导致漆面损坏程度不同，如发生氧化、龟裂、褪色，也有许多车辆因护理不到位，采用劣质清洗剂清洁车辆，未及时进行打蜡、光亮处理，而使车漆面产生水痕、蚀痕，严重影响汽车的美观。旧车漆面常见问题处理方法见表2–72。

（5）根据季节不同来选择

夏季时光照较强，紫外线强度高，宜选用防高温、防紫外线能力强的车蜡。多雨雪的季节则应使用防水蜡。

（6）根据车辆行驶环境来选择

如果汽车经常行驶在泥泞、尘土多等恶劣道路环境中，应选用保护功能较强的硅氧烷树脂蜡。车辆的打蜡周期一般为3个月，但如果风沙、雨雪等气候较多或环境污染严重，则需1～2个月打蜡一次。

表2–82　旧车漆面常见问题及处理方法

特征	现象	原因	处理方法	预防方法
氧化	车漆发乌、发白、无光泽	紫外线照射	轻者打蜡去除，重者研磨、光亮	—

续表

特征	现象	原因	处理方法	预防方法
龟裂	车身有条纹状（拖尾纹）	金属漆产生一种非常细微的裂纹，并不断渗透车漆，直至击穿整个色漆层	重新喷漆	经常打蜡
褪色	前盖、车顶和后厢盖车漆出现不均匀的色差	大气中油烟和污染物、污染尘埃、雨水中酸、碱物与漆中颜料（色漆）或铝箔（金属漆）反应	轻者打蜡光亮，中度研磨；重者重新喷漆	勤洗车，勤打蜡
水痕（纹）	水滴蒸发后留下的环状痕迹	水中化学物质在车体升温时与车漆发生化学反应	轻者打蜡光亮，重者研磨或重新喷漆	—
蚀痕	水或其他物质在漆面形成一定面积的腐蚀	水以及鸟粪、昆虫、树叶、焦油沥青等物质与车漆产生化学反应，渗透速度比水痕快得多	轻者研磨光亮，重者重新喷漆	常用高级光亮剂

2.3.5.2 上蜡保护操作及注意事项

（1）手工打蜡操作

车漆上蜡的基本意义：汽车上蜡是车漆保护的基本手段，上蜡可在车漆表面形成一层保护膜，有效防止外部环境对车漆的不良影响。同时车蜡可增加车漆光泽，改善整车外观效果。新出厂的汽车经过开蜡后，因其漆膜较新，一般车漆表面不会存在氧化层，所以可以在洗车后直接上蜡保护漆面。

① 工具：打蜡海绵图垫，纯棉干毛巾（或绒毛毛巾）。

② 产品：光硬化树脂晶体蜡、钻石持久蜡、超级水晶蜡、高级软蜡等。

③ 操作：具体如下。

a. 上蜡前确保车身干爽，不能有残余水分，否则擦蜡后漆面颜色不均匀，即“打花”。

b. 用打蜡海绵蘸适量车蜡。以画小圆圈的方式均匀涂蜡，圆圈的大小以圆圈内无遗漏的漆面为准，每圆圈盖前一圈的1/3或不低于1/4，圆圈轨迹沿车身前后直线方向。

c. 全车打蜡顺序：把漆面分成几个部分，按右前机盖、右前叶子板、右前车门、右后车门、右车顶、右后叶子板、后备厢的顺序做右半车身。按相反的顺序做左半车身，直到所有的漆面无遗漏。

d. 在全部漆面均匀上一薄层车蜡，蜡膜尽量做到薄而均匀。喷漆的前后塑料保险杠及饰件也要上蜡。

e. 上蜡后5 ~ 10min车漆表面开始发白，用手背抹一下，手背上有粉末，抹过的漆面有光亮，说明蜡已干。用柔软干燥的纯棉毛巾擦蜡，直到整个车表面没有残蜡。

f. 擦蜡后彻底清洁玻璃、保险杠、饰条、轮胎、钢圈、牌照边框等。

（2）机器打蜡操作

① 把毛巾罩用水浸湿或用喷壶喷湿，打蜡机开机空转5s，将多余水分甩净。

② 把蜡以十字花的方式涂在毛巾罩上。

③ 在漆面上涂抹均匀，开机，直线移动。机器打不到蜡的地方，用海绵上蜡。

④ 3～5min后，换上毛巾罩，进行抛蜡。

⑤ 缝隙、边角处用毛巾擦净。

（3）打蜡验收标准

全车漆面干净整洁，手感光滑，车蜡均匀，车表没有残蜡或“打花”；亮度和颜色均匀；漆面有镜面效果，在漆面上可清晰地看到报纸倒影。

（4）注意事项

① 打蜡必须在室内操作。打蜡和研磨、光亮不同，研磨、光亮是产品对漆面进行打磨和平整，漆面不要求产品残余。打蜡是在漆面形成保护层，要求有适量车蜡留在车表，打蜡时只要将车蜡在漆面涂匀就可以，不必打理，不需在漆面来回重复打蜡。

② 在给车身涂蜡时，一定要先进行车身表面的清洗，确保其表面清洁，并保证漆面干爽、无水分。因为如果车身表面有灰尘，涂蜡后，在上光时就会把灰尘挤进涂层里去，或研磨车

身表面，划伤或磨花表面涂膜。

③ 橡胶保险杆、车身饰条、车窗防雨密封条等塑料件避免涂蜡，若涂到马上用干净毛巾擦净。原因是车蜡在橡胶表面上呈白色，难以擦去。车表面温度应降到常温。发动机温度较高时，要打开前机盖散热。原因是车体温度高时车蜡干燥太快，容易打花。

④ 使用前，打蜡海绵必须干净。打蜡海绵每次用完后必须清理干净，放在阴凉处风干。车蜡的干燥参考时间为5～10min，应灵活掌握。干燥时间随环境温湿度的不同而不同：湿度大时干燥慢，湿度小时干燥快。在蜡层变成白膜状后，有一定的湿度即可。因此，上蜡的操作必须顺着车体钣金一片一片地进行，切不可先将车体全部上好后，再一次擦掉，这会使漆面的色泽深浅不一，非常难看。还要注意，没有进行光亮处理前，不要开车上路，否则，空气中的灰尘就会依附在车蜡上，在抛光时划伤或磨花漆层表面。

⑤ 若出现“打花”现象，用超级去污水蜡或五合一去污软蜡擦拭车表，用纯棉毛巾旋转擦拭。

⑥ 漆膜保护增光剂与镜面处理剂要分清。镜面处理剂是对漆面进行增光处理的专用剂，其保护作用不如保护增光剂；保护增光剂含有许多成分，可在漆面上形成一层保护膜，抵御外界紫外线、酸雨、静电粉尘、水渍等的侵害。

⑦ 含硅产品与不含硅产品在使用范围上应分清：含硅产品在修理厂尽量避免使用，因为漆膜一旦沾有硅质，会使上漆困难，对漆面修补工作造成一定影响。

⑧ 打蜡光亮之前，应使用空气清洁枪将残留在车身及边、角、缝内的水分吹干净，每次完成一种蜡的光亮作业，都必须进行残渣清理作业，作业中操作者要避免衣物上的金属纽扣、拉链及皮带扣等物件对漆面造成损伤。特别是擦拭车顶或发动机盖时，有时皮带扣会刮伤车身。此外，拉链外露的工作服也容易刮伤车身漆面。必须引起重视，操作者最好穿戴工作围裙。

⑨ 打蜡光亮完毕，检查前后雨刮喷水嘴有无堵塞，是否喷水良好。

⑩ 如果车身表面的涂料已经褪色或氧化，必须在清除掉旧的和氧化了的涂料后，才能打蜡。

2.3.5.3 漆面封釉

所谓封釉处理，就是通过专用的工具将漆面保护挤压入车漆内形成点状的保护层，保护层让车辆表面如同陶器表面一般，故而形象地称之为封釉。漆面经过封釉可有效地防止紫外线辐射、防酸的侵蚀、防风沙的吹打，保护车漆不被氧化造成褪色，另外釉面还可防火、防油污及轻度硬物的刮擦。

（1）新车施工步骤

① 洗净车身，去除全部的沥青、蜡层等污渍（用开蜡水

除蜡）。

② 用专业洗车液洗净车上的残蜡。

③ 风干车身，确保无水渍。

④ 上釉。第一遍先将产品充分摇匀，然后直接倒在干净的漆面上，用一块软毛巾轻快而有力地“画圈”，直到上光剂消失并出现高光泽。“画圈”时要用力，以便除去污渍和表面已被氧化的油漆层（这一步用封釉机操作效果最佳）。第二遍均匀地薄涂一层釉于漆面上，10min后用一块干净的软毛巾擦净，釉的效果立刻呈现。

（2）旧车的施工步骤

① 洗车：将漆面的粉尘、细沙粒彻底冲洗干净。

② 研磨：用转速为4000r/min的抛光机研磨，并配合研磨剂作镜面处理。研磨压力要根据漆面的强度高低和厚薄来决定，如进口车的漆面硬度一般比较高，其研磨压力稍大；国产车的漆面硬度相对较低，面漆比较薄，其研磨压力应稍轻。适当调整好抛光机速度、研磨剂的量、倾斜度，防止损伤漆面。

③ 光亮：光亮前对装饰条、密封条、门把手等部位进行遮蔽保护，彻底去除橘皮、斑点、针孔、氧化层、轻微划痕等缺陷。

④除蜡：充分洗净车身残蜡、污渍。

⑤风干：风干车身，确保无水渍。

⑥上釉：用专用的釉机上釉，振涂均匀，一般每处要振涂2次，然后轻微提起抛光机，抛出光亮；接着用棉布蘸少量釉手工再涂抹一薄层即可。

（3）封釉的注意事项

①要想取得理想的封釉效果，施工现场必须具备良好的隔尘环境，最好选择设施齐全的美容店施工。

②封釉后2h内不要用水洗车，因为在这段时间内，釉层未完全凝结，洗车将会冲掉未凝结的釉层。

③封釉后的一段时间内要尽量避免洗车，因为漆面封釉后可防静电，因此，一般灰尘用干净的鸡毛掸子掸去即可。

④封釉后不要再打蜡，因为蜡层可能会黏附在釉层表面，再上釉时会因蜡层的隔离而影响封釉效果。

⑤漆面封釉，使车漆表面如同罩上了一层很强的保护膜，延长漆面的寿命，一年之内可以不用打蜡，但是洗车反而会破坏封釉，所以最好不要到电脑洗车房洗车。洗车时不要用碱性洗涤剂清洗，要用中性洗涤剂，否则会破坏封釉效果。

⑥封釉时一定要选择优质釉。

2.3.5.4 漆面镀膜

镀膜是近几年兴起的一种漆面美容方法。与打蜡相比，镀膜有着自己明显的优势。如90天白金镀膜蜡，高科技研制的自硬化透明玻璃纤维封闭镀膜成分，能够在汽车油漆表面硬化成一层硬光亮的封闭保护膜，为汽车提供长达90d以上的多重保护，相当于给汽车漆面穿上一层透明坚硬的保护衣。由于膜本身结构紧密、很难破坏，使它可以大幅度降低外力对漆面的损伤。因此，可以起到保护汽车漆面的作用。

镀膜的典型步骤：先清洁车身，将待漆面干燥，检查漆面，根据漆面情况决定是否需要漆面研磨和漆面上光，最后漆面镀膜。

（1）用洗涤剂洗车

用水冲洗车身，洗去车上的沙子、灰尘，然后再用洗涤剂洗车。

（2）前处理

①有洗不掉的顽固水锈或漆面变粗糙时，可用“超级去污水蜡”或“光亮晶亮蜡”清洁车体表面。

②如果漆面变色、变粗糙严重，可先用砂蜡研磨后，再用“光亮晶亮蜡”上光。

（3）用镀膜蜡美容

①确认所使用镀膜蜡的颜色是否和车漆颜色配套，然后用海绵蘸取镀膜蜡薄薄均匀地涂于车体表面。

②膜稍微干燥雾化后（5～10min），用清洁的干毛巾擦拭。

③最后再用新的清洁软布仔细地清除未擦净的部分或涂抹不均匀留下的斑点。自然放置，镀膜蜡可均匀地成膜硬化。

④蜡膜干燥硬化的标准是：在外部气温20℃的阳光照射下约需30min；最好在干净的自然环境下硬化12~24h后使用。

⑤日常护理：当汽车漆面受污染时，可用专业的洗车液洗车。

（4）漆面镀膜注意事项

①漆面镀膜不要涂得过厚，薄一些均匀即可，擦拭也会轻松些。

②镀膜采用温和的涂抹及擦拭的附着方式，靠膜本身的分子结合力附着在漆面上，避免施工时损伤车漆。

③对车身划痕的处理采用填充的方法，以低速抛光机配合海绵轮，将透明的填充剂填入划痕中，抹平。

2.4 玻璃防雾剂

目前，玻璃防雾剂的研制处在积极开发的阶段，特别是随着汽车行业的发展，各国都展开了对防雾剂新产品的研究，一种理想的防雾剂具备成本低、防雾效果好、持续时间长、使用方便、对玻璃无腐蚀、对人体无危害等条件。因此，研制高效、实用的防雾剂新产品并推广使用，是目前防雾工作的关键。国外在20世纪60年代就已经掌握了一些简单的防雾技术，日本在这方面处于领先地位。国内于20世纪80年代开始玻璃防雾剂的研究，起步较晚。目前有一些玻璃防雾剂的专利报道，包括防雾剂、防雾巾及汽车电热防雾玻璃，其中防雾剂的报道居多。20世纪90年代以来，表面活性剂类防雾剂的报道占绝大部分，对涂覆高分子膜防雾剂等方法报道得相对较少。表面活性剂类防雾剂主要由表面活性剂、溶剂、润湿剂分散剂等组成。此类防雾剂配制简单，但玻璃表面易凝结水分、表面活性剂易流失，故防雾持久性差，一般防雾剂持续时间为2～7d。高分子膜型防雾剂则克服了表面活性剂防雾剂持续时间短的缺陷，目前主要有丙烯酸酯类防雾涂料、有机硅氧烷防雾剂、聚氧乙烯多元醇防雾剂等。

2.4.1 玻璃防雾剂作用原理

在较低温度、高水蒸气含量的空气中，水汽容易在具有亲水性不高，但仍然具有一定亲水性材料表面凝结，形成小水滴，例如在普通玻璃和有机玻璃表面。表面玻璃防雾剂的原理是利用防雾涂层中的亲水基团吸附空气中水分子，并使基材表面张力降低，从而减小水分子与玻璃表面的接触角，使水分子还没有在玻璃表面形成细小水珠之前，就润湿、扩散在玻璃表面，形成一层超薄的透明水膜，对入射的光线不产生散射作用，对视线也不产生干扰，从而起到防雾的作用。该原料不影响材料的透光性和反光性，使用安全。

对汽车玻璃防雾抗霜剂的主要性能要求如下。

（1）优良的防雾性

为了较长时间有效地防止汽车玻璃内侧表面产生雾，优质汽车防雾剂必须具有优良的防雾性能。防雾剂要具有优良的防雾性能，就应有很好的、持久的降低表面张力的能力，以便将玻璃表面的冷凝水由水珠变成均匀的水膜，从而达到防止玻璃表面形成雾的目的。

（2）良好的透明性

透明性好是保证车辆前方视野良好的重要因素。因此，防雾剂或防雾抗霜剂均不应在汽车玻璃表面形成不均匀的薄膜或形成固体残留物，影响驾驶员视线。

除上述主要性能外，汽车玻璃防雾抗霜剂还应对金属、橡胶、塑料、漆膜等无损坏作用，对人体健康无危害。

2.4.2 汽车玻璃防雾剂类型与性能

汽车玻璃防雾剂有三种类型：小分子表面活性剂型防雾剂、高分子型防雾剂、纳米二氧化钛型防雾剂。

（1）小分子表面活性剂型防雾剂

一类常用的防雾剂是表面活性剂。HLB值在10～18的表面活性剂可以有效降低基材的表面张力，使水在基材表面的润湿角降低，在基材表面变成均匀的水膜，从而达到防雾目的。该除雾剂的优点是原料廉价，操作简易，生产工艺简单，防雾效果良好。

缺点：防雾剂的组分都是小分子物质，不能生成真正意义上的膜，不耐擦拭，不耐溶剂。防雾剂随着水分的挥发而流失，使防雾时效缩短。以有机溶剂为主体的防雾剂易燃易爆。

（2）高分子型防雾剂

亲水性高分子涂层，含有大量亲水性基团的高分子聚合物涂层，具有亲水、吸水性质。文献报道，亲水性防雾涂层可在80℃水浴蒸汽上保持100h不雾化。高分子材料资源丰富，种类繁多，性能良好，成型简便，成本低廉，正成为防雾涂料的主要成分。作为成膜物的树脂很少是单一聚合物，大都是共聚或共混的产物。共聚高分子材料可以克服单一聚合物材料性能上的缺陷，取长补短，具有良好的综合性能。单体的投料组成、引发剂的用量、溶剂的种类和用量、聚合反应的温度和反应时间，都对共聚反应及产品性能有影响。

在玻璃表面涂覆高分子薄膜是近期才发展起来的一种新型防雾技术，该方法行之有效且被用户广泛接受。这种方法与上述方法相比较，防雾效果好，效力长，力学性能好，较为耐擦、耐磨、耐溶解，其中最常用的是亲水性丙烯酸酯类、甲基丙烯酸酯类或其均聚物和共聚物。

（3）纳米二氧化钛型防雾剂

在通常情况下，将水滴在纳米二氧化钛薄膜表面，薄膜与水有较大的接触角，在紫外线照射下，接触角减小，甚至达到0°（即水滴完全浸润纳米二氧化钛薄膜表面），显示了薄膜的亲水性。光照停止后，薄膜表面的这种亲水性可以维持数小时甚至几天，随后又慢慢地恢复到紫外线照射前的状况，薄膜具有的这种性质被称为超亲水性。再用紫外线照射，则再次表现出超亲水性。自洁净玻璃就是利用纳米二氧化钛薄膜的光催化剂降解活性和超亲水性发挥作用的。通常情况下，纳米二氧化钛膜在紫外线照射下亲水性和亲油性都会提高，而置于黑暗中时，疏水性则逐渐增加，再进行照射又可恢复其亲水性。在建筑物玻璃、运输工具的窗玻璃、挡风玻璃及后视镜表面涂覆一层纳米二氧化钛膜后，附着在玻璃表面的水滴会迅速扩散成均匀的水膜，不会形成影响视线的水滴，可维持高度的透明性。结合纳米二氧化钛的超亲水性和光催化性，在物品表面涂覆二氧化钛膜可长期保持亲水。在阳光的照射下，可催化氧化附着的油性污垢和细菌，从而保持清洁。因此，纳米二氧化钛被称为最受重视的光催化剂材料，活跃于光催化剂合成和环保领域。

2.4.3 玻璃防雾剂配方及制备

【配方2-80】汽车前挡风玻璃防雾剂AFA005

使用说明

本品是一款特种改性的非离子表面活性剂与高聚物产品，使用后在雨天和秋冬季可防止玻璃表面出现雾珠，具有持久防雾效果，使驾驶视野更开阔清晰，应用广泛。

参考配方

表2-83　汽车前挡风玻璃防雾剂AFA005参考配方

成分	质量分数（%）	作用
AFA005	5% ~ 20%	防雾
防腐剂	适量	防腐
去离子水	余量	—

使用步骤

①清洁：用干毛巾将玻璃清洁干净，保持玻璃干燥。

②将防雾剂喷于海绵，均匀擦拭在玻璃上，涂抹时不可太用力，以免影响效果。

③涂抹均匀后，自然晾干或风干，干燥期间避免接触液体。

注意事项

①并非涂抹越多越好。涂太厚不易干不均匀，效果反而不好。

②不建议直接喷在玻璃上，容易喷太多导致不均匀。

③只能用在玻璃内侧,不能用于外侧。

④施工后玻璃不能用湿毛巾擦拭。

【配方2-81】汽车前挡风玻璃防雾剂AFA002

使用说明

本品是一款高档通用型防雾剂，使用后在雨天和秋冬季可防止玻璃表面出现雾珠，具有持久防雾效果，使驾驶视野更开阔清晰，应用广泛。用于树脂眼镜和防护眼镜效果更佳。

参考配方

表2-84　汽车前挡风玻璃防雾剂AFA002参考配方

成分	质量分数（%）	作用
AFA002	25%	防雾
防腐剂	适量	防腐
去离子水	余量	—

使用步骤

①清洁：用干毛巾将玻璃或眼镜清洁干净，保持干燥。

②将开稀好的防雾剂喷于玻璃或眼镜镜面，用眼镜布均匀擦拭，不可太用力擦拭，以免影响效果。

③涂抹均匀后，自然晾干或风干，干燥期间避免接触液体。

注意事项

①不是涂抹越多越好。涂太厚不易干不均匀，效果反而不好。

②只能用在玻璃内侧，不能用于外侧。

③施工后玻璃不能用湿毛巾擦拭。

【配方2-82】汽车后视镜玻璃防雾剂RVM001

使用说明

本品是一款特殊结构聚硅氧烷产品，使用后倒镜玻璃表面形成拒水涂层，使雨水形成球型状态，可形成“荷叶效应”。使雨水直接弹开，不停留在镜面，让镜面始终保持高清晰度。

使用步骤

①用表面活性剂将倒后镜玻璃清洗干净，并擦干水。

②将RVM001喷于海绵，均匀擦拭在玻璃上，涂抹时不可太用力。

③涂抹均匀后，倒后镜加热直至RVM001完全干透即可。

注意事项

①镜面玻璃未清洗干净，不能达到理想的驱水效果。

②使用本产品后不能用高压水枪冲洗，不能擦拭或用手触摸。

③请勿在雨天施工，否则会影响使用效果。

④使用前必须摇晃或搅拌均匀。

【配方2-83】汽车玻璃防雾剂1

参考配方

表2-85　汽车玻璃防雾剂参考配方1

组分	质量分数（%）	组分	质量分数（%）
烷基苯磺酸或其钠盐	6 ~ 12	柠檬香精	0.2 ~ 0.5
烷醇酰胺	3 ~ 6	去离子水	余量
丙三醇	1 ~ 3		

制备方法

取十二烷基苯磺酸8g，用10%的氢氧化钠溶液中和至pH值为5～6，加入3g烷醇酰胺和1g丙三醇，搅匀，调pH值至7，加0.2g柠檬香精，加水至100g，搅匀。

使用方法

采用喷涂法。

用途特性

汽车玻璃防雾剂能防止汽车在冬季运行时挡风玻璃产生雾气。该产品防雾效果好（持效7d），还具有清洁清洗功能，并带芳香味，成本低廉，易于生产。

【配方2-84】汽车玻璃防雾剂2

参考配方

表2-86　汽车玻璃防雾剂参考配方2

组分	质量分数（%）	组分	质量分数（%）
十二烷基苯磺酸钠	3	乙醇	10
月桂酰胺二乙醇酰胺	6	乙二醇	3.5
十六烷基氯化铵	3	甘油	3
十二烷基甜菜碱	3	香精	2
尿素	2.5	去离子水	余量

制备方法

将配方中各组分均匀混合即可。

使用方法

采用喷涂法。

用途特性

汽车玻璃防雾剂能防止汽车挡风玻璃产生雾气。该配方生产的防雾剂，具有防雾、防霜、除污等多种功能。

【配方2-85】汽车玻璃防雾剂3

参考配方

表2-87　汽车玻璃防雾剂参考配方3

组分	质量分数（%）	组分	质量分数（%）
乙醇	76	10% 十二烷基苯磺酸钠水溶液	1.9
金属含氧酸盐（碳酸盐）	0.03	喷雾剂	适量
去离子水	19	香精	适量

制备方法

将金属含氧酸盐溶于去离子水中搅拌，待全溶后，加入乙醇，再加入10%十二烷基苯磺酸钠水溶液，再加入适量喷雾剂搅拌均匀得无色透明溶液即为成品。

使用方法

采用喷涂法。

用途特性

汽车玻璃防雾剂，能防止汽车在冬季运行时挡风玻璃产生雾气。小分子型防雾剂主要是由小分子表面活性剂、润湿剂等组成的，另外可以加入少量香精、喷雾剂、稳定剂。一般是一些烷烃类物质，例如丁烷、丙烷、液化石油气等，它的制备一般都是在常温下进行的，由两部分溶液——基础液和添加剂混合而成。

【配方2-86】汽车玻璃防雾剂4

参考配方

表2-88　汽车玻璃防雾剂参考配方4

组分	质量分数（%）	组分	质量分数（%）
十二烷基硫酸钠	4 ~ 6	乙醇	2 ~ 5
烷基磺基琥珀酸钠	1 ~ 3	乙二醇	3 ~ 7
丙二醇	10 ~ 30	苯甲酸钠	适量
异丙醇	8 ~ 14	香精	适量
十二醇	0.5 ~ 2	去离子水	余量

制备方法

在带搅拌器的搪瓷釜中加入水及乙醇，在15 ~ 25℃温度下，加入十二烷基硫酸钠及烷基磺基琥珀酸钠，不断搅拌，使其全溶后加入丙二醇、十二醇、异丙醇、乙二醇及苯甲酸钠，使各组分充分混溶。加入香精，混匀后即可出料包装。

使用方法

采用喷涂法。

用途特性

醇和表面活性剂复配汽车玻璃防雾剂，能防止汽车挡风玻璃产生雾气，并具有抗霜作用。

【配方2-87】汽车玻璃防雾剂5

参考配方

表2-89 汽车玻璃防雾剂参考配方5

组分	质量分数（%）	组分	质量分数（%）
AEO-9	0.23	菠萝香精	0.23
异丙醇	4.52	防腐剂 CY-1	0.05
乙二醇－丁醚	4.52	去离子水	90.45

制备方法

在不锈钢容器内放入去离子水，加入AEO-9，开动搅拌器，50～60r/min，搅拌10min，然后加异丙醇、乙二醇-丁醚搅拌10min，再依次加防腐剂CY-1、菠萝香精继续搅拌35min，得到产物。将所得成品自然消泡后，即可灌装。

使用方法

采用喷涂法。

用途特性

本品是各种汽车、火车、飞机、轮船的挡风玻璃、普通门窗及浴室玻璃镜等专用的防雾、防霜、清洁佳品，是专业司机和家庭的理想帮手。本汽车玻璃防雾剂是透明中性液体（pH值为6~8)，香味宜人，具有特效多功能的防雾、防霜、防尘作用，可清洁玻璃，且对玻璃金属物无腐蚀，对人体无毒、无害。

【配方2-88】汽车玻璃防雾剂6

参考配方

表2-90　汽车玻璃防雾剂参考配方6

组分	质量分数(%)	组分	质量分数(%)
十二烷基硫酸钠	5	异丙醇	10
烷基磺基琥珀酸钠	3	乙醇	10
丙二醇	20	去离子水	余量

制备方法

在反应釜中加入水和乙醇，再加入十二烷基硫酸钠、烷基磺基琥珀酸钠，充分搅拌，使其完全溶解，再加入丙二醇、异丙醇混合均匀，分装即可。

使用方法

采用喷涂法。

用途特性

本品用于玻璃表面防雾。采用多元醇作为抗冻剂，以表面活性剂增大水的铺展能力，增加了玻璃的表面活性以及亲水性，使水蒸气与之接触后混合成低冰点混合物，防止结雾。

【配方2-89】汽车玻璃防雾剂7

参考配方

表2-91 汽车玻璃防雾剂参考配方7

组分	质量分数（%）	组分	质量分数（%）
二乙醇	30	脂肪醇聚氧乙烯醚	2
二乙醇酰胺	1	去离子水	37
异丙醇	30		

制备方法

将配方中各组分均匀混合即可。

使用方法

采用喷涂法

用途特性

可用于汽车挡风玻璃、眼镜的防雾。

【配方2-90】汽车玻璃防雾剂8

参考配方

表2-92 汽车玻璃防雾剂参考配方8

组分	质量分数（%）	组分	质量分数（%）
丙烯酸-2-羟乙酯	27.65	过氧化二苯甲酰	0.45
无水甲醇	64.52	壬基酚聚氧乙烯醚	7.37
乙醇	适量	去离子水	余量

制备方法

将丙烯酸-2-羟乙酯装入反应釜，并放入一定量的引发剂——过氧化二苯甲酰；加入溶剂——无水甲醇，最后通入氮气保护，逐步升温至60℃，加热搅拌4～6h，待黏度达到0.1～0.3Pa·s时，降温、继续搅拌，最后生成聚丙烯酸-2-羟乙酯，装入洁净干燥的试剂瓶中备用。取主试剂——浓度5%～25%的液体，加入含9%的表面活性剂——壬基酚聚氧乙烯醚的乙醇水溶液，搅拌均匀，并加入少量香精，即可得到防雾剂GSF-88液。

使用方法

使用时用普通喷洒装置，喷洒均匀，用布擦干即可。在低温下喷洒一次，可以使挡风玻璃表面2～3d不结雾。

用途特性

这种新型玻璃防雾剂可均匀地涂覆在硅酸盐或有机玻璃表面，防雾效果很好，性能稳定，防雾时间长，耐擦性、耐候性等均优于国外同类产品。

【配方2-91】汽车玻璃防雾剂9

参考配方

表2-93 汽车玻璃防雾剂参考配方9

组分	质量分数（%）	组分	质量分数（%）
十二烷基苯磺酸钠	8	柠檬香精	0.2

续表

组分	质量分数（%）	组分	质量分数（%）
烷醇酰胺（6501）	3	氢氧化钠（10%）	适量
丙三醇	1	去离子水	余量

制备方法

将十二烷基苯磺酸钠用氢氧化钠溶液中和至pH值为5～6，加入烷醇酰胺和丙三醇（甘油），搅匀，再调pH值至7.0，加入柠檬香精，拌匀，加水至100份，搅匀即成。

使用方法

将本防雾剂喷于汽车挡风玻璃上。

用途特性

可在较长时间内防止玻璃在有雾环境中起雾结水珠。将它用于眼镜、浴镜、玻璃窗等亦有同样良效。

【配方2-92】汽车玻璃防雾剂10

参考配方

表2-94　汽车玻璃防雾剂参考配方10

组分	质量分数（%）	组分	质量分数（%）
甘油	3～3.02	聚乙二醇苯基醚	2.32～3
乙二醇	5.8～6	无水乙醇	58～60

续表

组分	质量分数（%）	组分	质量分数（%）
二甘醇	5.8 ~ 6	去离子水	20 ~ 23.2
二乙醇胺	1.86 ~ 2		

制备方法

将各成分按配比混合均匀，即可得到本品。

使用方法

采用喷涂法。

用途特性

本品能防止汽车在冬季运行时挡风玻璃产生雾气，确保汽车驾驶员安全驾驶。

【配方2-93】汽车玻璃防雾剂11

参考配方

表2-95　汽车玻璃防雾剂参考配方11

组分	质量分数（%）
甲基丙烯酸甲酯	5
丙烯酸甲酯	5
聚氧乙烯壬基苯醚（平均相对分子质量 616.82，HLB17.5）	3
过硫酸钾	少量
去离子水	87

制备方法

将配方中各组分均匀混合即可。

使用方法

采用喷涂法。

用途特性

本品用于玻璃表面防雾。将配方实例得到的防雾剂进行实用性防雾试验，其持续使用效果优良，涂布该防雾剂的玻璃表面透明均匀，透视性优良。

【配方2-94】汽车玻璃防雾剂12

参考配方

表2-96　汽车玻璃防雾剂参考配方12

组分	质量分数（%）	组分	质量分数（%）
聚乙烯醇（平均相对分子质量1700）	9.71	有机硼化合物	2.91
去离子水	87.38		

制备方法

在200mL的烧杯中加入完全皂化的聚乙烯醇10g，去离子水90g，加热至90～95℃溶解，然后加入3g有机硼化合物搅拌1h即得透明黏稠状液体。

使用方法

采用喷涂法。

用途特性

防雾效果理想。

【配方2-95】汽车玻璃防雾剂13

参考配方

表2-97　汽车玻璃防雾剂参考配方13

组分	质量分数（%）	组分	质量分数（%）
表面活性剂	0.2 ~ 1.5	醇类	9 ~ 20
聚醚改性有机硅表面活性剂	1.5 ~ 3	去离子水	余量

制备方法

搅拌中依次加入聚醚改性有机硅表面活性剂、醇类，加入余量去离子水并搅拌均匀，使各组分含量符合要求。

使用方法

采用喷涂法。

用途特性

该玻璃防雾剂使用多种表面活性剂进行复配，可以延长防雾时间。产品使用范围广，还兼具玻璃清洁作用。由于使用去离子水作为溶剂，不存在爆炸的危险，便于携带。

【配方2-96】汽车玻璃防雾剂14

参考配方

表2-98　汽车玻璃防雾剂参考配方14

组分	质量分数（%）	组分	质量分数（%）
月桂醚硫酸铵	1.5	异丙醇	3.85
六甲基环三硅氧烷	0.5	去离子水	94.15

制备方法

将六甲基环三硅氧烷与异丙醇混合成溶液，再加入月桂醚硫酸铵混合，加去离子水制得透明防雾剂。

使用方法

将该防雾剂喷涂在玻璃表面，用洁净干布擦去多余部分，保证玻璃表面的防雾剂均匀，不出现喷涂痕迹。

用途特性

本品用于玻璃表面防雾，经涂覆处理的玻璃放在-10℃的冷柜里数分钟后移至暖室，玻璃表面始终保持清晰透明。

2.4.4 玻璃防雾剂的选择和使用的注意事项

一般液体汽车玻璃防雾剂或抗霜剂为瓶装喷雾型。在使用时，为了保证良好的防雾效果，首先必须使整个玻璃表面比较清洁，然后将防雾剂均匀地喷涂于玻璃表面，再用洁净柔软的布或纸擦拭到清洁透明即可见效。需要注意的是，想要达到防霜目的时，不要试图将玻璃表面的防雾抗霜剂擦干，否则抗霜效果将大大降低。不同厂家生产的汽车玻璃防雾剂或防雾抗霜剂的防雾、抗霜效果差别较大，一般情况下的防雾期为1～7d。

使用注意事项如下。

①请勿饮用及吸入，若不慎溅入眼睛请用大量清水冲洗，并迅速就医。

②远离高温、火星及明火处，请勿焚烧。

③避免与眼睛接触，避免与皮肤长时间接触。

④在通风良好处使用，避免长期吸入气体。

⑤使用后将盖子拧紧保存。

⑥避免儿童接触。

3 汽车内美护化学原料

3.1 汽车用除味剂与杀菌剂

新车大量的塑料膜和座椅存在很多有毒的气体，购买新车之后我们会面临汽车异味问题。而且车子经过一段时间的使用后，还会有一些烟味、食物残渣味等味道的存在，成为很多车主头痛的问题。

现在人们常用的除臭除味的方法一般有三种。第一种是用芳香剂之类的味道遮盖臭味。第二种是吸附型，如活性炭类，靠捕捉吸附臭味源去除气味。第三种是分解型，针对臭味源类型进行生物降解或化学分解。

现在是全球抗击新冠疫情的非常时期，不仅是臭味，细菌病毒的杀灭和预防也尤为重要。汽车的细菌主要来源于汽车空调，使用久了，会产生气味和细菌。空调系统的清理办法，包括更换灰尘滤芯，使用清洁剂对空调风道、蒸发器杀菌。更换灰尘滤清器是最简单的办法，成本低廉却能使进风保持通畅，稍有机械常识的车主都可以自己动手完成。对空调风道的消毒、杀菌要分别针对内、外循环系统进行上述两项清理工作，拆下前面板进行手工清理的工序繁杂、工艺要求高，建议车主交给特约维修站完成。

对空调外循环进行清洁消毒，可购买专用的空调清洗剂。消毒前，应将车内的食品、纸巾取出，避免吸附异味。找到汽车的外气导入口，如有必要再打开发动机罩，启动发动机，打开窗户，将空调的AC挡置于“OFF”，将循环挡调至外循环，风扇开至最大，向汽车外导气口吸力最强的位置注入空调清洗剂，清洗剂将向蒸发器方向流动，清洗吸附在蒸发器上的霉菌、灰尘；全部注入后，使风扇继续转动10～15min，10min后，污液由排水管排出。

在这里我们将简单地介绍目前市面上常见的几种车内杀毒方法。这些杀毒方式多样，但原理大多还是物理杀毒、化学杀毒、离子杀毒、臭氧杀毒等，从发展趋势看，由于对环保越来越重视，汽车室内杀毒方法将更注重物理和离子杀毒，化学杀毒方式则由于对汽车部件的损害和容易产生新的有害气体而将逐渐被淘汰。

（1）化学杀菌

主要是用一些消毒剂对汽车进行喷洒和擦拭，通过化学反应的方式达到除去病菌的目的。这种杀菌方法的优点是彻底迅速，施工简单易行。缺点也相当明显，后遗症较多，同时对汽车也有一定程度的损害，目前市场上常用的消毒液及使用方法如下。

① 过氧乙酸。可用0.5%的过氧乙酸溶液喷洒在汽车外表面和内部空间进行消毒，但消毒后要通风半小时以上。由于过氧乙酸具有腐蚀性和漂白性，所以车内的一些物品衣物最好先取出，消毒后对汽车的金属部件要进行擦拭。

② 84消毒液。这种消毒剂含氯量通常为5%，使用时必须加200倍的水进行稀释，如果不按比例稀释会有一定腐蚀性。84消毒液不具挥发性，可通过浸泡起效，但对空中飘浮的飞沫没有作用。

③ 甲醛消除灵。这是一种很新的车内杀毒产品，主要是通过经过特殊处理的红色颗粒来吸附和消除车内的甲醛等有害气体，使用简单。缺点是化学消毒可能会遗留健康隐患。

（2）臭氧消毒

这种杀毒方式在非典时期曾经独领风骚，主要是用一个能迅速产生大量臭氧的汽车专用消毒机进行消毒。臭氧是一种使用广泛、高效的快速杀菌剂，它可以杀灭多种病菌、病毒及微生物。臭氧机制造出来的大量臭氧可以在较短的时间内破坏细菌、病毒和其他微生物的结构，使之失去生存能力。臭氧的杀菌作用是急速的，当其浓度超过一定数值后，消毒杀菌甚至可以瞬间完成。通过氧化反应可以除去车内的有毒气体，如CO、NO、SO_2、芥子气等。与化学消毒不同，由于利用臭氧消毒杀菌一般不残存有害物质，所以不会对汽车造成第二次污染。因为臭氧杀菌消毒后很快就分解成氧气，因此对人体无害。

（3）离子杀菌

这也是比较常见的一种车内空气清新方法，主要是通过购买车载氧吧释放离子达到使车内空气清新的目的。事实上它不能算严格意义上的空气杀毒方法，而只能是一种空气清新和净化方式。优点是使用简单，基本不用车主动手。缺点也比较明显，空气净化过程缓慢，杀毒不彻底。

（4）光触媒杀菌

光触媒是最近才兴起的一种新的杀毒方法，它的工作原理其实很简单，就是利用二氧化钛这种光的催化利，见光产生正、负电子，其中，正电子与空气中的水分子结合，产生具有氧化分解能力的氢氧自由基，而负电子则与空气中的氧结合成活性氧，二者均具有强大的杀毒杀菌能力，对于汽车车厢内常见的甲醛、氨、苯等的有机化合物具有分解作用，同时还可以清除车厢内的浮游细菌。由此可见，光触媒的主要杀菌要素为纳米二氧化钛、太阳光等。因为纳米二氧化钛只有在紫外线的作用下才能产生作用，光触媒技术用一种不易被二氧化钛所分解的树脂将二氧化钛固定在车厢内，并让其能够受到阳光的照射。这也是光触媒技术上最大的优势。另外它的效果持久，一般施工一次可以保持功效2年左右，和需要经常施工的蒸汽高温消毒相比，费用低廉。不过光触媒杀菌方式同样有自己的缺点，由于光触媒需要紫外线照射才能产生作用，而紫外线对人体有一定的不良影响，有些车主给自己的爱车贴了防爆膜，防爆膜的作用之一就是阻隔紫外线，因此，贴防爆膜的车主一定要考虑二者的冲突问题。

（5）竹炭杀菌

竹炭同活性炭一样具有发达的孔隙结构，具有很大的比表面积和超强的吸附能力。竹炭是以高山老竹为原料，采用高温热解技术，历时20多天精心烧制而成。竹炭每克比表面积高达500～700m^2，具有极强的吸附能力，对苯、甲醛、丙酮、氨、一氧化碳、二氧化碳有吸附分解作用，属纯天然绿色环保产品，专用于除臭、杀菌、防霉、吸潮、防虫、防蛀、净化空气。

3.1.1 除味剂及使用方法

【配方3-1】天然植物除味剂DOA301

产品简介

DOA301是以天然植物活性物（柚子皮提取物、柿子叶提取物、丝兰提取物、野茶儿茶酚、抗坏血酸、不饱和脂肪酸衍生物和特种小分子氨基酸）为原料研制而成的低刺激性的异味中和剂，富含植物单宁和植物多酚，兼备天然提取物的抗菌除臭功能，这种水溶性异味中和剂，可广泛应用于家庭和公共场所，特别是可用于卫生间、厨房、宠物室、动物养殖场等场所。它的特点是异味中和剂分子能够与氨、硫化物、甲醛、苯系物等臭味分子快速结合，分解转化为无臭味的分子，达到消臭除臭的效果，且异味中和剂自带高效广谱杀菌功能，从源头抑制微生物分解有机物质。本品除臭效率比生物酶快，比光触媒更方便，对环境无二次污染。本品呈中性，对金属没有腐蚀性，对人体或者动物皮肤没有腐蚀性，气味温和，安全性高，能替代同类进口产品，性价比非常高。

产品性能

①外观：无色至淡黄色液体。

②活性成分含量≥15%。

③溶剂：纯水。

④稀释性：用纯水稀释。

⑤pH值：5.5～7.5。

产品特性

根据不同异味浓度添加用量：3%～8%。

产品应用

①去除卫生间尿、粪的臭味等。

②去除飞机、火车、汽车以及公共厕所的臭味。

③去除动物饲养场的粪便臭味。

④去除垃圾箱及厨房冰箱中食物的气味。

适用于水基型环保配方，本品可以用于酒店大堂及卫生间使用的各种类似超声波雾化器或其他雾化装置，也可制成喷剂或气雾剂使用。

包装与储存

必须储存在密闭原封包装容器中，隔绝湿气。必须在0～40℃的阴凉处存放，储存期限为12个月。储存时间超过标签所标注的最佳使用期限并不意味着该产品必定不能继续使用。但是在这种情况下，为了保证产品质量，需要重新检查产品的相关性质。

【配方3-2】天然植物除味剂DOA303

产品简介

CPL-1035A是以天然植物为原料，采用生物技术和乳化技术生产的一种水溶性臭味中和剂，广泛应用于家居、汽车、高铁、轮船、飞机、酒店、办公楼宇、会所等场所。特点是无须光照催化，可与氨、硫化物、甲醛、苯系物快速结合，除臭效率比生物酶快，对人体无刺激，对环境无二次污染。

产品性能

①外观：淡黄色液体。

②溶剂：去离子水。

③稀释性：去离子水或去离子水+乙醇（用量不超过总量的15%）均可以稀释。

产品应用

①酒店客房除臭味系列。

②汽车除臭味系列。

③家居、办公室除臭味系列。

④桑拿房、健身房、棋牌室、歌舞厅、娱乐会所、酒吧、餐厅除臭味系列。

⑤新装修、装潢除异味系列：除甲醛、油漆味、胶水味。

⑥洗手间除臭味系列。

⑦宠物除异味系列。

⑧空气清新剂系列。

适用于水基型环保配方，可制成喷剂或气雾剂使用，也可用于家具厂、印刷厂、水处理厂、垃圾站等大型场所的空气净化喷淋系统，消除对周边环境排放的尾气异味。

表3–1　除味剂与去离子水或去离子水+酒精配比方案

异味状态	与去离子水或 去离子水+酒精配比
极严重异味、恶臭，如死老鼠腐烂臭味	1∶10
严重异味如清理完的呕吐物、粪便异味	1∶15
室内异味如宠物异味、烟味、酒味、臭豆腐味、榴梿味、尿味，室内装修除甲醛	1∶20
轻度异味及清新剂配方，如非吸烟区异味	1∶50

续表

异味状态	与去离子水或去离子水+酒精配比
消除地板、地毯异味，清洗浸泡或拖地	1：60 ～ 1：100
污水厂除臭（持续喷雾）	1：100 ～ 1：150

应用注意事项

①Skytech®DOA303属于天然植物除味剂。应注意在低温条件下会发生稠化现象，请在30～40℃的热水中加热溶解后再用。

②不可往本品中直接加乙醇等溶剂，可用去离子水或去离子水+乙醇（用量不超过总量的15%）稀释。

③最终成品体系的pH值控制在8.5～9之间。

包装与储存

必须储存在密闭原封包装容器中，隔绝湿气。必须在0～40℃的阴凉处存放，储存期限为12个月。储存时间超过标签所标注的最佳使用期限并不意味着该产品必定不能继续使用。但是在这种情况下，为了保证产品质量，需要重新检查产品的相关性质。

3.1.2 杀菌剂及使用方法

【配方3-3】Skycore®DF200弱酸性次氯酸水

产品简介

Skycore®DF200弱酸性次氯酸水是一种能最大限度地发挥次

氯酸杀菌效果的机能水，有空间消毒、除菌、除甲醛和除臭效果，同时也可用于口腔和伤口护理，是一款安全性高、功效多样的机能水，能够向人们提供安全并安心的对应细菌和病毒的解决方案。

Skycore®DF200弱酸性次氯酸水采用日本的领先技术，将其pH值调整为与人体皮肤同样的弱酸性（pH值5.8 ~ 6.9），对皮肤无刺激；同时，次氯酸水只作用于细菌和病毒等有机物，对于人体或动物细胞，因为会被细胞表面的牛磺酸分解掉，所以不会影响到细胞，故对人体和动物无害。

产品成分

次氯酸（hypochlorous acid）。

杀菌原理

随着pH值的变化，弱酸性次氯酸水的成分也会发生变化。处在碱性值时，次氯酸会以杀菌能力较弱的离子形态存在。通常我们使用的经过稀释后的次氯酸钠pH值在8 ~ 9之间，但是次氯酸处于弱酸性值时，能够产生80倍于次氯酸离子的杀菌力（50倍于酒精的杀菌效果）。

细胞膜表面是带有负电荷的，因此次氯酸根（ClO^-，也是带负电荷）不能轻易进入细胞内部，而次氯酸（HClO）是中性小分子，可以穿透细胞膜，进入细胞内部，与细胞体内的蛋白质、核酸和酶等有机高分子发生氧化反应，从而通过破坏细菌蛋白质来杀死细菌，这也就在一定程度上解释了同等有效氧的情况下，次氯酸（HClO）的杀菌能力比次氯酸钠（NaClO）强的原因。

产品性能

①外观：无色透明液体。

②气味：带特征气味。

③pH值：5.0～6.9。

④有效氯含量：30～250ppm（10^{-6}）。

产品特性

①杀菌范围广谱，适用范围广泛：快速杀灭不同种类的细菌和病毒，杀灭率达到99.9%以上。

②高效的空间消毒和杀菌：全球公认的高效广谱且安全的消毒和杀菌，有效降低$PM_{2.5}$。

③无耐药性：经实验研究，次氯酸水无抗药性。

④安全性：基于人体杀菌原理生产，充分考虑人体安全，拥有食品级的安全性。

⑤环保：作用后还原为水，无残留，无浪费。

⑥除甲醛，去除异味：能够快速除去甲醛和异味。

产品应用

①急救喷雾。

②私密护理液。

③创口护理和修复液。

④口腔护理和漱口水。

⑤防疫湿巾。

⑥高效消毒洗手液。

⑦婴幼防疫和抗菌产品。

⑧空间消毒和杀菌产品。

⑨家居杀菌祛螨。

⑩果蔬清洗。

⑪祛除$PM_{2.5}$杀菌消毒品。

⑫祛痘修复液。

包装与储存

高于0℃通风避光存储，包装规格有5kg/桶，25kg/桶，1000kg/桶三种。产品在常温条件下一般可储存12个月或以上。应避免将产品长期暴露在极端冷、热的环境中，极端冷、热条件可能导致产品结冰或变质。若产品出现冰冻现象，需将产品置于室温下缓慢解冻并适当搅拌，切记不可将产品直接加热解冻。为了确保产品质量，容器开封后应尽快用完，不用时需将容器盖拧紧。

【配方3-4】杀菌剂1

参考配方

表3-2　杀菌剂参考配方1

组分	质量分数（%）	组分	质量分数（%）
十二烷基二甲基苄基氯化铵	40	去离子水	60

使用方法

本品是按配方配成40%的水溶液后，再按100mL/L比例加入水中使用。

用途特性

本品毒性较低，为阳离子表面活性剂。防腐蚀，故对金属、橡胶、塑料等容器均无腐蚀性，具有杀菌作用，是国际公认的杀菌消毒剂。

【配方3-5】杀菌剂2

参考配方

表3-3　杀菌剂参考配方2

组分	质量分数（%）	组分	质量分数（%）
苄基-4-氯酚	4.3	EDTA-4Na（39%）	1.5
烷基萘磺酸盐	10	添加剂	1.4

续表

组分	质量分数（%）	组分	质量分数（%）
聚丙烯酸	1.2	氢氧化钠	1
磺基甜菜碱	2	去离子水	余量
十二烷基磺酸钠（30%）	1		

制备方法

按比例加料，搅拌均匀即可。

使用方法

按照配方加入100g/L（水），擦拭或雾状喷洒。

用途特性

本配方具有良好的储存稳定性，能抑制金黄色葡萄球菌和猪霍乱沙门菌的生长，并对硬表面有良好的净洗能力。

【配方3-6】杀菌剂3

参考配方（质量分数，%）

表3-4　杀菌剂参考配方3

组分（体积）	1号	2号	3号	组分（体积）	1号	2号	3号
乙醇	2.5	5	7.5	水溶性白玉兰香精	—	0.5	—
丁香油	0.2	0.5	0.3	蒸馏水	加至100	加至100	加至100

续表

组分（体积）	1号	2号	3号	组分（体积）	1号	2号	3号
薄荷油	—	0.3	0.5				

制备方法

在适量蒸馏水中加入乙醇，摇匀，再加入丁香油、薄荷油，搅拌均匀，然后加入香精，最后加入蒸馏水至足量，搅拌均匀即可。

用途特性

本品原料易得，工艺简单，产品性能优良，在常温条件下有效期可达3个月以上，在喷洒过程中能有效降低空气中尘埃粒子数。杀灭空气中的有害微生物，提高空气质量，保障人的身体健康。

【配方3-7】杀菌剂4

参考配方

表3-5　杀菌剂参考配方4

组分	质量分数（%）	组分	质量分数（%）
冰醋酸	26	乙醇	70
新洁尔灭	2	香精（檀香）	1
甘油	1		

制备方法

称取冰醋酸、乙醇放入配液罐中，再称取新洁尔灭、甘油、香精放入小桶中，在小桶内加入少许乙醇稀释，搅拌均匀，将小桶内的液体倒入配液罐内，充分搅拌均匀，在液体灌装机上将配好的液体灌装并加上阀门喷头盖。

用途特性

本品具有净化空气和消毒、除菌的双重效果，既可作为空气消毒，又可直接喷洒在物体表面进行消毒。可用于车内空气消毒杀菌，家庭室内空气消毒，办公室内消毒等。可在短时间内杀灭空气中各种病毒、细菌，对引起呼吸道传染的各种病原体的杀灭效果更好，本品经过有关部门严格检测，对人体无任何不良反应。

3.2 汽车仪表盘用清洗剂

每个驾驶员都会直接面对的仪表盘是汽车内部十分重要的一部分，它的清洁程度会直接影响到乘车人对汽车内部环境整体效果的视觉感受。

仪表盘护理剂（cockpit protectant），在国内俗称为仪表盘上光蜡，主要是对仪表盘进行有效的清洁、美容，阻止紫外线的侵蚀，抗静电，防止板材失色、龟裂和老化。该剂可以用于工程塑料件、木制件、橡胶密封条和皮革制品的清洁。

我国市场上的仪表盘上光蜡多为气雾罐包装形式，只要均匀摇晃，直立喷射到被清洗的表面，稍等片刻用干净的软布轻轻抛光，即可使仪表盘洁净和光亮。该类商品多含有机溶剂，对被修饰表面有一定的损伤，且在封闭的车内使用会影响人体健康。在发达国家这种商品已经很少在市场上出现，但由于其价格低廉，使用便利，在我国最受消费者青睐。另外一种是用塑料桶或罐包装的产品，多被专业汽车美容机构采用。用干净的软布蘸着护理剂轻轻涂饰，稍等片刻被涂饰的表面就会光洁如新。这类商品的售价较高，但其良好的修饰效果和防护功效使专业汽车美容人士成为其忠实的采购者。美国Automagic、Turtle Wax公司都有类似的产品。

笔者从汽车用品之家社区专家那里了解到，目前最理想的护理剂除了具有清洁、美容、抵御紫外线侵蚀、抗静电等功能以外，还不含有机溶剂，不会损伤修饰表面。

3.2.1 仪表盘用清洗剂的配方及制备

【配方3-8】仪表盘用清洗剂1

参考配方

表3-6　仪表盘用清洗剂参考配方1

组分	质量分数（%）	组分	质量分数（%）
C10 ~ C16 脂肪酸单乙醇酸胺乙氧化物	0.5 ~ 1.5	三聚磷酸钠	12 ~ 16

续表

组分	质量分数（%）	组分	质量分数（%）
脂肪醇聚氧乙烯醚磷酸钾	0.5 ～ 1.5	硫酸钠	余量
硅酸钠	62 ～ 75		

制备方法

按比例加料，搅拌均匀即可。

使用方法

直接用于需清洁处，擦拭。

用途特性

本配方对旧涂层来说具有较强的清洁力，并且很少或不腐蚀非铁金属。

【配方3-9】仪表盘用清洗剂2

参考配方

表3-7　仪表盘用清洗剂参考配方2

组分	质量分数（%）	组分	质量分数（%）
苯	65	异丁醇	14.8
一氯甲烷	20	甲醇	0.2

制备方法

按比例加料，搅拌均匀即可。

使用方法

直接用于需清洁处，擦拭或雾状喷洒。

用途特性

本品对金属不腐蚀，适用于汽车、电机部件等物的清洗。

【配方3-10】仪表盘用清洗剂3

参考配方

表3-8　仪表盘用清洗剂3

组分	质量分数（%）	组分	质量分数（%）
二甲苯	65	异丁醇（正丁醇可代替）	14.8
一氯甲烷	20	甲醇	0.2

制备方法

按比例加料，搅拌均匀即可。

使用方法

直接用于需清洁处，擦拭或雾状喷洒。

用途特性

本品对金属不腐蚀，适用于汽车、电机部件等物的清洗。

【配方3-11】仪表盘用清洗剂4

参考配方

表3-9　仪表盘用清洗剂4

组分	质量分数（%）	组分	质量分数（%）
甲苯	65	异丁醇	14.8
一氯甲烷	20	甲醇（乙醇、丙醇可代替）	0.2

制备方法

按比例加料，搅拌均匀即可。

使用方法

直接用于需清洁处，擦拭或雾状喷洒。

用途特性

本品对金属不腐蚀，适用于汽车、电机部件等物的清洗。

3.2.2 仪表盘用清洗剂的使用方法

清洗中央控制台需要使用的工具有干净的抹布、中性清洁剂和水，切忌用湿抹布擦拭。手经常接触中央控制台，而手上的油渍就会沾染到中央控制台上，所以一定要用中性清洁剂才能洗得干净。

要注意的是：选择清洁剂种类时最好斟酌一下，劣质清洁剂会使塑料褪色，若使用不当，有可能导致中央控制台的颜色脱落。采用防静电型塑料专用清洁剂效果会好一些。

3.3 车内真皮保养及清洗剂

人造革和真皮座椅的共同特点是表面有许多细褶，这些细褶内容易吸附许多污垢，很难彻底清除干净。对于人造革和真皮切记不可用水清洗，否则不但影响美观，而且会产生细微裂缝而影响使用寿命。

清洁这类座椅必须要用专门的清洁用品，专门的皮革清洁美容护理用品不但能迅速清洁上光，更能有效去除静电，增强保护功能。对于较脏的皮革座椅，建议首先用丝绒清洁剂进行预处理。因为有些污垢可能硬结在皮革表面，使用丝绒清洁剂能有效润湿和充分分解油污，使下一步清洁工作更加彻底。

清洁护理方法：首先，将清洁剂喷到座椅表面，用软布仔细擦拭，方法同处理绒毛座椅一样，从四周向中间逐渐进行；然后，用软布结合毛刷彻底清除细纹中的污垢；最后，再用真皮上光保护剂进行最后的上光处理。如果皮革座椅不太脏，可以直接用真皮上光保护剂进行清洁上光。

3.3.1 真皮保养及清洗剂的配方及制备

本品是由硅油、石蜡及表面活性剂配制而成，喷雾于皮革表面，经擦拭后，可赋予皮革制品适度蜡感，使皮革光亮而滋润。此外，本品中还加入了特定的防霉剂，可以防止皮革制品在保存过程中发生霉变。

（1）二甲硅油

又名聚二甲基硅氧烷液体。无色透明、无臭、无毒油状液体。具有闪点高、凝固点低、热稳定性好、耐高温等特性，能在-50℃～80℃下长期使用，还具有抗氧化、耐臭氧等性能。本品用作光亮剂。

（2）微晶石蜡

又称纯地蜡。白色至浅黄色、无臭味蜡状物，具微晶结构。

常温下为固体，遇热熔化。溶于乙醚、松节油、氯仿及矿物油等，微溶于乙醇，不溶于水。

（3）吐温60

又称聚氧乙烯山梨醇酐单硬脂酸酯。琥珀色半胶状流动体，有脂肪气味。相对密度1.05～1.10，溶于水、稀酸、稀碱及多数有机溶剂，不溶于矿物油和植物油，属非离子表面活性剂，可与各种类型表面活性剂混用，本品中用作表面活性剂。

（4）防霉剂–BO

白色结晶粉末。不溶于水，可溶于无机酸及乙酸等有机酸。对热较稳定，化学性质稳定。本品中用作防霉剂。

（5）月桂基羧甲基钠型咪唑啉醋酸盐

琥珀色水溶性透明液体。溶于水、乙醚等溶剂。是一种两性离子表面活性剂，具有良好的乳化及发泡性能。本品中用作乳化剂。

（6）异构烷烃

链烷烃的异构体。无色液体，不溶于水，溶于烃类和醚。本品中用作溶剂。

（7）液化石油气

由油井中伴随石油逸出的气体或由石油加工过程中产生的低分子量的烃类气体压缩而成，主要成分为丙烷、丁烷、丙烯等。易燃。本品用作喷射剂。

【配方3-12】真皮保养及清洗剂

参考配方

表3-10　真皮保养及清洗剂参考配方

组分	质量分数（%）	组分	质量分数（%）
二甲硅油	2 ~ 4	月桂基羧甲基钠咪唑啉醋酸盐	0.5 ~ 1
微晶石蜡	1 ~ 3	异构烷烃	10 ~ 26
吐温 60	0.5 ~ 1	香精	适量
防霉剂 -BO	0.01	去离子水	余量

制备方法

先将微晶石蜡、二甲硅油、吐温60及月桂基羧甲基钠型咪唑啉醋酸盐加至带搅拌器的容器中，加热至85～90℃，使微晶石蜡熔融，同时强力搅拌使之充分乳化（或用胶体磨进行充分乳化）成乳化液。乳化液中加入异构烷烃、防霉剂-BO、香精及去离子水，再充分搅拌进行二次乳化。制得油包水型乳化液。

使用方法

以上100份基剂（制剂）作原液，使用液化石油气30～40份。直接用于需清洁处，擦拭或雾状喷洒。

用途特性

本品对真皮、绒面不腐蚀。

【配方3-13】Skytech®EMU705皮革内饰（或仪表盘、轮胎）光亮剂

使用说明

Skytech®EMU705用水稀释后可直接用于汽车皮革内饰、仪表盘和轮胎光亮，修复汽车塑料和轮胎老化发白、褪色等问题，恢复光泽和黑度，手感光滑细腻不粘灰，形成保护膜。

参考配方

表3-11 Skytech®EMU705皮革内饰（或仪表盘、轮胎）光亮剂参考配方

原料	质量分数（%）
EMU705	10 ~ 50
甘油	0 ~ 10
去离子水	余量

制备方法

建议使用比例参考EMU705 20%～30%，甘油0%～10%，去离子水60%～80%，三种原料混合后搅拌均匀。如需增稠，可先用水稀释PTF，再加入配好的原料中，边加边搅拌，可再加入适量氨水搅拌至稠度增加。

使用步骤

①将皮革、仪表盘或轮胎清洗干净，擦干。

②将开稀好的光亮剂适量涂或滴到海绵刷上，在皮革、仪

表盘或轮胎上擦均匀。

③用抛光毛巾拭擦，光亮剂干透即完成。

注意事项

①每次使用光亮剂前需要将皮革、仪表盘或轮胎清洗干净。

②使用光亮剂后建议10min内不要触摸，干透后再使用。

【配方3-14】Skytech®EMU60水性内饰光亮剂

使用说明

Skytech®EMU60用水稀释后可直接用于皮革、仪表盘表面，可有效抗污，防止沾尘，增加光亮，预防皮革发白、褪色、变黄，保持内饰乌黑亮泽，翻新保养皮革，延长使用寿命。

参考配方

表3-12 Skytech®EMU60水性内饰光亮剂参考配方

原料	质量分数（%）
EMU60	20 ~ 50
甘油	5 ~ 10
去离子水	余量
增稠剂 PTF	根据需要适量添加

制备方法

三种原料混合后搅拌均匀。如需增稠，可先用去离子水稀释 PTF，再加入配好的原料中，边加边搅拌，可再加入适量氨水搅拌至稠度增加。

使用步骤

①将皮革内饰清洗干净，擦干。

②将稀释好的光亮剂适量喷到内饰表面，用干布擦均匀。

③等待自然干透。

注意事项

①每次使用前需要将内饰表面清洗干净。

②使用光亮剂后建议10min内不要触摸，干透后再使用。

【配方3-15】Skytech®CD2800免洗内饰清洗剂

使用说明

Skytech®CD2800操作简单，使用后无须水洗，内饰焕然一新，中性配方，不伤材质，无异味。适用于家居皮具、皮鞋、汽车中控、皮革座椅、门板、绒布顶棚、脚垫等的清洁。

参考配方

表3-13 Skytech®CD2800免洗内饰清洗剂参考配方

原料	质量分数（%）
CD2800	0.5 ~ 2
纯净水或去离子水	余量

使用步骤

①将CD2800与纯净水或去离子水一起搅拌均匀。

②可按客户要求添加色素或香精。

注意事项

①对于汽车中控、皮革座椅、门板、绒布顶棚、脚垫等，先将稀释好的清洗剂均匀喷于待清洁表面（顽固污渍可停留2～5min），然后用汽车清洁海绵进行擦拭。

②用干毛巾擦干。

③汽车顶棚使用魔力擦效果更好，清洁后用湿布擦拭，以免留下水痕。

【配方3-16】二合一清洁保养剂

使用说明

适用于汽车真皮座椅、皮质家具、皮革沙发等的日常护理，兼具清洁和保养功能，使用简便。

参考配方

表3-14　二合一清洁保养剂参考配方

成分	质量分数（%）	作用
EMU60	5 ～ 8	上光、保养
SP150	3	清洁
CM057	0.5 ～ 1	流平
甘油	1	—
增稠剂	适量	—
卡松	适量	防腐剂
去离子水	余量	—

制备方法

将上述原料按比例混合，搅拌均匀即可。

使用步骤

①将清洁剂挤于海绵上，直接擦拭皮革。

②擦拭后用毛巾擦去多余的清洁剂。

注意事项

擦拭时不要太用力，以免真皮磨损。

【配方3-17】Skytech®CRS25塑料件持久光亮翻新剂

使用说明

Skytech®CRS25主要成分为有机硅低聚物，用溶剂稀释后可直接用于塑料件和皮革翻新，只需几滴即可修复汽车塑料老化、发白、褪色问题，抗水防雨持久黑亮，光滑细腻不沾油灰，同时形成保护膜防止塑料再次老化。

参考配方

表3-15 Skytech®CRS25塑料件持久光亮翻新剂参考配方

成分	质量分数（%）	作用
Skytech®CRS25	10 ~ 50	光亮
无水乙醇（石油醚）	余量	

使用步骤

①将塑料表面擦洗干净。

②将稀释好的Skytech®CRS25溶液滴于海绵上。

③用含有Skytech®CRS25溶液的海绵均匀涂抹在塑料上。

④用抛光毛巾擦去多余残留即可。

注意事项

①使用后建议24h内不要沾水，以免溶液未干透影响效果。

②建议每次使用前将塑料清洗干净。

③涂抹时请沿同一方向涂抹。

④本产品属于油性产品，稀释时请使用无水溶剂。

【配方3-18】Skytech®SCR360M油性轮胎（或塑料件、皮革）光亮剂

使用说明

油性轮胎（或塑料件、皮革）光亮剂Skytech®SCR360M用溶剂稀释后可直接用于轮胎或汽车内塑料件，可有效抗污防水，同时保养轮胎橡胶和塑料件，预防轮胎和塑料件发白、褪色，变黄，保持轮胎乌黑亮泽，延长其使用寿命。

参考配方

表3-16 Skytech®SCR360M油性轮胎（或塑料件、皮革）光亮剂参考配方

原料	质量分数（%）
SCR360M	10 ～ 25
PSS050（可不加）	0 ～ 2

续表

原料	质量分数（%）
石油醚 30−60/D80	余量

使用步骤

①将轮胎或塑料件清洗干净并自然干透。

②将稀释好的光亮剂滴到海绵或刷子上。

③薄薄地均匀涂抹在轮胎或塑料件上。如一次不均匀可涂两次，不平整的位置重复涂抹。5mL即可涂好一个胎面。

④等待自然干透。

注意事项

①每次使用光亮剂前需要将轮胎或塑料件清洗干净。

②使用光亮剂后建议1h内不要使用，以免光亮剂未干透导致沾上灰尘。建议完全干透后，约7～8h再沾水。

③光亮剂仅涂轮胎侧壁即可，触地面的部分不需要涂抹。

3.3.2 真皮保养及清洗剂的使用方法

使用时先将皮革制品擦净，然后将本品喷在皮革表面，再用洁净棉布轻轻拭匀，即可达到使用目的。

3.4 车内地毯及绒面清洗剂

汽车里面最容易脏的就是地毯。较脏的地毯可以使用毛刷头的吸尘器进行吸尘处理。对于更脏的地毯，就只能用专用洗涤剂来清洁。在用洗涤剂前先用毛刷头吸尘器吸尘，然后喷洒适量的洗涤剂，用刷子刷洗干净，最后用干净的抹布将多余的洗涤剂擦掉就可以了，这样可以使洗后的地毯既干净又柔软。需要注意的是，地毯不要完全放入洗涤剂中浸泡刷。一方面会破坏地毯内部几层不同材质的粘接；另一方面会使地毯在很长时间内不能干透而影响使用效果，导致车内潮湿。

为适应专业清洗特点，地毯清洁剂常分为以下几类。

（1）高泡（干泡）地毯清洁剂

通过打泡箱起泡或直接起泡，清洗地毯表面层，稍干后用吸尘器将带污垢的泡沫吸走。

（2）低泡（抽洗或“蒸汽”抽洗）地毯清洁剂

通过机器抽吸清洗溶液洗涤地毯，达到清洁地毯的目的。

（3）干（粉）地毯清洁剂

这是含表面活性剂、溶剂、吸附剂的干式清洁剂，通过机器使其与地毯摩擦，并溶解、吸附地毯上的污垢，然后用吸尘器吸走。

（4）地毯去渍剂

在重垢地毯上用去渍剂进行手工或机器洗涤，之后再进行普通洗涤。

3.4.1 地毯及绒面清洗剂的配方、制备及使用方法

【配方3-19】地毯及绒面清洗剂1

参考配方

表3-17　地毯及绒面清洗剂参考配方1

组分	质量分数（%）	组分	质量分数（%）
水、染料、防腐剂	79	三聚磷酸钠	6
Synperonic LF / RA30（脂肪醇聚氧乙烯聚氧丙烯醚）	3.5	硅酸钠	4
次氨基三乙酸钠（40%）	2	低泡两性表面活性剂	5.5

制备方法

按以上组分顺序加入组分至搅拌容器，每加入一种组分搅至均匀再加下一组分。

使用方法

1份清洁剂用10～14份水稀释。直接用于需清洁处，擦拭或雾状喷洒。

用途特性

低泡，易于机器应用。

【配方3-20】地毯及绒面清洗剂2

参考配方

表3-18　地毯及绒面清洗剂参考配方2

组分	质量分数（%）	组分	质量分数（%）
去离子水	74	REWOPOL TS 35（表面活性剂混合物）	26

制备方法

加入以上两种配方至搅拌容器，将其搅拌均匀。

使用方法

1份清洁剂用10～15份水稀释。直接用于需清洁处，擦拭或雾状喷洒。

用途特性

低泡，易于机器应用，清洗性好。

【配方3-21】地毯及绒面清洗剂3

参考配方

表3-19　地毯及绒面清洗剂参考配方3

组分	质量分数（%）	组分	质量分数（%）
月桂基硫酸钠	10	Integra44（羧甲基甘氨酸钠）	0.15
椰油酰二乙醇胺	2	染料、香精	适量

续表

组分	质量分数（%）	组分	质量分数（%）
Surfadone LP-100（N-辛基吡咯烷酮）	1	去离子水	余量
异丙醇	10		

制备方法

先将月桂基硫酸钠溶于去离子水；加入椰油酰二乙醇胺、异丙醇和Surfadone LP-100；再加Integra44、染料和香精，混合均匀。

使用方法

用适量水稀释。直接用于需清洁处，擦拭或雾状喷洒。

用途特性

低泡，易于机器应用。

【配方3-22】地毯及绒面清洗剂4

参考配方

表3-20　地毯及绒面清洗剂参考配方4

组分	质量分数（%）	组分	质量分数（%）
去离子水	90.4	异丙醇	3

续表

组分	质量分数（%）	组分	质量分数（%）
氯化钠	0.6	REWOPOL TS（表面活性剂混合物）	3
六水氯化镁	0.3	REWOPAILA（月桂醇聚氧乙烯醚 -10）	1
葡萄糖酸钠	0.6	Sequion SL40（磷酸盐混合物）	0.1
柠檬酸	1		

制备方法

按以上顺序加入组分至搅拌容器，每加入一种组分搅至均匀再加下一组分。

使用方法

用适量水稀释。直接用于需清洁处，擦拭或雾状喷洒。

用途特性

低泡，易于机器应用，洗涤性好。

【配方3-23】地毯及绒面清洗剂5

参考配方

表3-21 地毯及绒面清洗剂参考配方5

组分	质量分数（%）	组分	质量分数（%）
去离子水	67	DOWANOL DPM（二丙二醇甲醚）	5
VERSENE100（EDTA-4Na）	11	壬基酚聚氧乙烯醚-9	0.5
Metso pentabcad20（五水偏硅酸钠）	0.5	Triton X 45（辛基酚聚氧乙烯醚）	0.5
Petro S Liquid	0.5	DOWFAX Detergent（十六烷基二苯醚二磺酸钠）	10
DOWANOL DB（二乙二醇丁醚）	5		

制备方法

按以上顺序加入组分至搅拌容器，每加入一种组分搅至均匀再加下一组分。

使用方法

1：130稀释使用直接用于需清洁处，擦拭或雾状喷洒。

用途特性

低泡，助剂、溶剂、表面活性剂复配，易于机器应用。

【配方3-24】地毯及绒面清洗剂6

参考配方

表3-22 地毯及绒面清洗剂参考配方6

组分	质量分数（%）	组分	质量分数（%）
Estasol（抗凝剂）	4	椰油酰胺基甜菜碱	5.5
硅酸钠（50%）	8	氨三乙酸三钠（38%）	2
三聚磷酸钠	6	去离子水	余量
Etylan CPG 630	3.5		

制备方法

将所有组分混合至均匀。

【配方3-25】地毯及绒面清洗剂7

参考配方

表3-23 地毯及绒面清洗剂参考配方7

组分	质量分数（%）	组分	质量分数（%）
去离子水	38	羟乙基纤维素	2
月桂基硫酸三乙醇胺（40%）	10	月桂基琥珀酸酯磺酸钠	50

制备方法

将去离子水和月桂基硫酸三乙醇胺混合加入羟乙基纤维素，混合至分散均匀，加入熔化的琥珀酸酯磺酸钠。

3.4.2 地毯及绒面清洗剂的使用方法

对于车内地毯和侧面及顶部绒面的黏附污物和尘埃、菌类，一般用泡沫型清洗剂或擦洗型清洗剂加适量水稀释清洗。

3.5 汽车零件清洗

3.5.1 汽车发动机外部清洗

【配方3-26】发动机清洁剂（外）

使用说明

此配方为通用型清洁剂，能够有效去除油污，充分清洗发动机外部，使发动机散热效果提升。水性溶液，使用环保。可用于汽车、船舶及其他工业领域。

参考配方

表3-24　发动机清洁剂（外）参考配方

成分	质量分数（%）	作用
HNS195	2 ～ 3	清洁
SP150	1 ～ 3	剥离油污
氢氧化钠	2	皂化油污
硅酸钠	2 ～ 4	清洁助剂
EDTA-4Na	0.2	螯合物
磷酸酯	0.5 ～ 1	缓蚀剂
去离子水	余量	—

制备方法

①将氢氧化钠、硅酸钠、EDTA-4Na和去离子水一起搅拌至溶解。

②加入HNS195、SP150和磷酸酯搅拌均匀。

3.5.2 汽车水箱清洗

【配方3-27】汽车水箱除垢防锈剂

原料配比（质量份，总计1000份）

表3-25 汽车水箱除垢防锈剂原料配比

原料	1号	2号	3号
200 目硫黄粉	7	12.5	10
60 目红磷粉	3	1	2.5
20℃的温水	990	—	—
25℃的温水	—	986.5	987.5

制备方法

将硫黄粉与红磷粉混合后加入温水，即制得除垢防锈剂。所得溶液为呈淡粉色带有淡黄颗粒的悬浊液，溶液pH值为6.7～6.9。

原料配伍

本品各组分质量份（总计1000份）配比范围为：硫黄粉7～12.58，红磷粉1～3，水992～984.5。硫黄粉为150目以上，红磷粉为50目以上。

产品应用

本品用于汽车水箱的除垢、防锈。

产品特性

将本品加入汽车水箱后，经过72h即可显效，使用周期最长为105d。经过一个使用周期需要更换除垢防锈剂，成品避光保存，保存期可达两年。

【配方3-28】汽车水箱除垢清洁剂1

原料配比（质量份，总计1000份）

表3-26 汽车水箱除垢清洁剂原料配比

原料	1号	2号	3号
氨三乙酸	70	—	25
EDTA	—	60	15
氨基磺酸	25	—	45
柠檬酸	—	35	9
亚甲基二萘磺酸钠	5	—	3
烷基苯磺酸钠	—	5	—
十二烷基硫酸钠	—	—	3

制备方法

将各组分混合均匀即可。

原料配伍

本产品是由水垢溶解剂、金属清洗剂及阴离子表面活性剂组成的。水垢溶解剂包括氨三乙酸（NTA）和EDTA；金属清洗剂包括氨基磺酸和柠檬酸；阴离子表面活性剂包括亚甲基二萘磺酸钠（NNO）、亚甲基二萘磺酸钠和十二烷基硫酸钠。

本品各组分质量份（总计100份）配比范围为：氨三乙酸0～70份，氨基磺酸0～45份，EDTA0～60份，柠檬酸0～35份，阴离子表面活性剂5～6份。

产品应用

本品用于清除汽车水箱中积存的水垢。

产品特性

本品中的任何一种成分对金属本身均没有腐蚀作用，因此对水箱及汽车部件没有任何损伤。水垢是溶解在清洗剂中的，没有产生任何水渣，所以不会造成冷却系统的堵塞。另外，本清洗剂无毒，清洗时间短，清洗过程不影响汽车运行。

【配方3-29】汽车水箱除垢清洗剂2

原料配比（质量份，合计145份）

表3-27　汽车水箱除垢清洁剂原料配比

次氨基三乙酸	50
氨基磺酸	40
EDTA	20
柠檬酸	15

续表

亚甲基二萘磺酸钠	6
烷基糖苷	10
十二烷基硫酸钠	3
乌洛托品	1

制备方法

将上述原料混合，搅拌均匀，即可制得汽车水箱除垢清洗剂。

原料配伍

本品各组分质量份（合计145份）配比范围为：次氨基三乙酸49～51份，氨基磺酸39～41份，EDTA19～21份，柠檬酸14～16份，亚甲基二萘磺酸钠5～7份，烷基糖苷9～11份，十二烷基硫酸钠2～4份，乌洛托品0.9～1.1份。

产品应用

本品主要用于汽车水箱的除垢清洗。

产品特性

本品主要用于清洗汽车水箱中的水垢，使用时可将其直接加入水箱中，汽车正常行驶2～3h，水垢即可完全溶解。

【配方3-30】汽车空调发生器清洗剂

使用说明

此配方为通用型清洁剂，能够有效去除油污，充分清洗汽车空调外部，使散热效果提升。水性溶液，使用环保。

参考配方

表3-28　汽车空调发生器清洁剂参考配方

成分	质量分数（%）	作用
HNS195	2% ~ 3%	清洁
SP150	1% ~ 3%	剥离油污
氢氧化钠	0.3%	皂化油污
HEDP-2Na	2%	清洁助剂
EDTA-4Na	0.2%	螯合剂
磷酸酯	0.5% ~ 1%	缓蚀剂
去离子水	余量	—

制备方法

①将氢氧化钠、HEDP-2Na、EDTA-4Na和去离子水一起搅拌至溶解。

②加入HNS195、SP150和磷酸酯搅拌均匀即可。

4 化学原料简介

4.1 有机硅

有机硅是化工新材料产业的重要组成部分，是国务院提出的七大战略性新兴产业发展所需的重要基础材料，具有许多其他化工材料无可替代的作用，是名副其实的“工业维生素”和“科技催化剂”。

由于有机硅独特的结构，兼备了无机材料与有机材料的性能，具有表面张力低、黏温系数小、压缩性高、气体渗透性高等基本性质，并具有耐高低温、电气绝缘、耐氧化稳定性、耐候性、难燃、憎水、耐腐蚀、无毒无味以及生理惰性等优异特性，广泛应用于航空航天、电子电气、建筑、运输、化工、纺织、食品、轻工、医疗等行业。其中，有机硅主要应用于密封、黏合、润滑、涂层、表面活性、脱模、消泡、抑泡、防水、防潮、惰性填充等。随着有机硅数量和品种的持续增长，应用领域不断拓宽，形成化工新材料界独树一帜的重要产品体系，许多品种是其他化学品无法替代而又必不可少的。

全球有机硅生产的大企业有美国道康宁、美国迈图、日本信越、德国瓦克，国内的蓝星、新安、恒业成、合盛等公司，都是比较知名的大企业，特别是道康宁与瓦克合资在张家港设厂，迈图与新安在浙江合资设厂后，有机硅原料的国产化趋于常态。

在汽车养护产品中，有机硅最常用的是硅油和硅油乳液。

硅油中常用的是二甲硅油、苯基硅油、氨基硅油、羟基硅油等。二甲硅油具有卓越的耐热性、电绝缘性、耐候性、疏水性、生理惰性和较小的表面张力，在汽车养护中，更注重它的光亮度和滑度。常见的黏度有0.65，5，10，50，100，350，500，1000，12500，6万，33万，50万帕斯卡秒等，根据配方需要选择不同的黏度。

羟基硅油是一种无色、无味、无毒、透明的油状液体，具有闪点高、凝固点低、热稳定性好、耐高温及耐低温特性。它表面张力小、抗缩力大、抗切变性能好，且羟基含量高、黏度系数低，润滑性能好。可用作织物、皮革、纸张的防水、柔软和防黏处理剂。

表4–1　硅油类型和黏度

硅油类型	黏度（25℃,mPa.s）
二甲硅油 Skycore 系列	0.65，5，10，50，100，350，500，1000，10000，6 万，33 万，50 万
反应型羟基硅油 Skycore 系列	80 ~ 120，1500，5000，80 ~ 100 万
以上高黏度二甲硅油，特殊黏度反应型羟基硅油可提供黏度定制	

硅油可以加到漆面、内饰、轮胎等位置进行光亮和保养。由于有机硅与部分溶剂不相融，也可以使用有机硅的溶剂，如带有挥发性的Skycore PF0105，不但有消泡、分散、降黏效果，最终易挥发，而且挥发后表面手感润滑。

氨基硅油带来的效果是增加手感滑度，苯基硅油带来的效果是增加光泽度。

4.2 乳液

4.2.1 乳液定义

乳液又称乳浊液、乳状液，是指一种或多种液体以液珠状形式分散在与它不相混溶（或不完全混溶）的液体中所形成的多相分散体系的乳状物。这种形成乳液的作用称为乳化作用。乳液的液珠直径一般都大于0.1μm，因此，属于粗分散体，由于体系呈现乳白色而被称为乳液。

乳液广泛应用于生产和日常生活中，例如：高分子工业的乳液聚合是一种重要的生产方法；油漆、涂料工业的乳胶；乳液农药可以节省农药，提高药效；化妆品工业的膏、霜、露、液；食品工业制造的冷饮、糖果、糕点、油脂；机械工业的高速切削冷却润滑液，铺路面的乳化沥青，油井喷出的原油，农业上杀虫用的喷洒药液，印染的色浆等，均为乳液。

4.2.2 有机硅乳液

有机硅乳液由有机硅、水和表面活性剂等组成，由于它的独特性能和特点，在工业上得到广泛应用。在汽车美容保养中主要是用作光亮翻新剂、手感剂和润滑剂。具有环保、性价比高、使用方便等特点。

市面上常见的产品有道康宁DC349、蓝星E360、瓦克E3560、仲皓璟Skysoft EMU60等。在汽车美容行业可用于内饰的光亮、保养，轮胎光亮、翻新保养，皮革增黑，爽滑漆面手感，塑料件翻新等。

表4–2　不同乳液型号特点

乳液型号	外观	含量（%）	特点
Skysoft EMU60	乳白色	58 ~ 62	光亮，滑感
Skysoft EMU605	乳白色	58 ~ 62	光亮，滑感，防沾灰
Skysoft EMU705	乳白色	58 ~ 62	持久光亮和滑感
Skysoft EMU905	乳白色	55 ~ 60	持久光亮和滑感，流平性好

4.3 消泡剂

4.3.1 消泡剂的定义

泡沫是空气在液体介质中形成的稳定分散体。纯净的液体不会形成稳定的泡沫，搅动纯净的液体形成的空气泡密度小于液体，气泡会逐渐向表面移动，到达表面后气泡破裂，空气逸出，气泡消失。只有在液体中混入了具有表面活性的物质后才会形成稳定的泡沫。以水体系为例，表面活性物质的分子在气液界面聚集排列，亲水端在水相中，疏水端朝向气相中，球形气泡到达液体表面后，鼓起的气泡内外两个气液界面形成了夹层型的双膜层。双膜层内的液体受压渐渐流出，双膜层变薄。当气泡壁的厚度足够薄时，在内外层表面活性物质的电荷的排斥力和气泡膜的弹性（与膜的表面张力有关）的共同作用下使气泡达到稳定。气泡膜的弹性又称Gibbs弹性。单位气泡膜上含有一定的表面活性剂分子，当膜受到拉伸变形时膜表面积增大，单位面积膜上的表面活性剂分子减少，表面张力增大，膜具有更大的收缩力，促使膜缩回。当收缩力与表面活性剂分子的静电排斥力达到平衡时气泡就趋于稳定。可见，液体泡沫只有在有表面活性物质存在下才能产生，并在静电斥力和Gibbs弹性作用下保持稳定。

消泡剂也称消沫剂，是在食品加工过程中降低表面张力，抑制泡沫产生或消除已产生泡沫的食品添加剂。

消泡剂也可按破泡、脱泡、抑泡三种机理进行定义。

破泡：相对于泡沫，从空气侧进入泡中，将泡合一破坏。

抑泡：从液体侧进入泡中，将泡合一破坏。

脱泡：从气泡的界面侵入泡中，令气泡合一浮出液面。

4.3.2 消泡剂的分类

（1）按作用分类

脱泡剂、消泡剂、抑泡剂。

（2）按成分分类

硅（树脂）类、表面活性剂类、链烷烃类、矿物油类。

一代：矿物油类、酰胺类、低级醇类、脂肪酸及酯类、磷酸酯类。

二代：聚醚。

三代：有机硅（MQ硅树脂）、聚醚硅。

（3）按性能分类

耐高温、耐碱、耐酸。

消泡剂多为液体复配产品，矿物油类消泡剂通常由载体、活性剂等组成。载体是低表面张力的物质，其作用是承载和稀释，常用载体为水、脂肪醇等；活性剂的作用是抑制和消除泡沫，常用的有蜡、脂肪族酰胺、脂肪等。

有机硅类消泡剂一般包括聚二甲基硅氧烷等。有机硅类消泡剂溶解性较差，在常温下消泡速度很快、抑泡效果较好，但在高温下会发生分层，消泡速度较慢、抑泡效果较差。

聚醚类消泡剂包括聚氧丙烯氧化乙烯甘油醚等。聚醚类消泡剂具有抑泡时间长、效果好、消泡速度快、热稳定性好等特点。例如在果蔬饮料、豆制品、蔗糖等生产过程中就会用到消泡剂。

（4）常见品牌消泡剂

在汽车美容养护行业中，消泡剂主要用于低泡清洗剂中，比如玻璃水、防冻液、内饰清洗、低泡洗车液等。市面上常见的消泡剂有很多品牌，比如美国Air Products、道康宁、迈图、海明斯·德谦、科宁等。

①道康宁。

a.ACP-1400（DC1400）。100%固含率，经济型，极端pH环境，水性（非水性）工业消泡，适用于树脂生产、切削液、炼油、溶剂处理。

b.AFE-1410（DC1410）。10%固含率，快速消泡，基本不受pH值影响，易分散，适用于农化、纺织、气体处理、印刷水槽液、树脂生产。

c.AFE-1430（DC1430）。30%固含率，卓越的长效消泡剂，适用于极端pH值水体系、乳胶。

②美国Air Products。

a.非离子型炔类消泡剂，DF-37，能促进泡沫控制和表面润湿，在水中可乳化。

b.非炔类有机化合物消泡剂，DF-40、DF-70、DF-75、DF-210。

c.有机硅消泡剂，DF-60、DF-62、DF-66、DF-574等，产

品包括聚有机硅氧烷及其改性化合物。

③海明斯·德谦。

W-052、W-074、W-080、W-082、W-090、W-092、W-097等。

④德国BYK。

BYK-012、BYK-020、BYK-021、BYK-022、BYK-023、BYK-024、BYK-025、BYK-028等。

⑤仲皓璟公司。

a.AT280适用于水性高温体系消泡。

b.AT230适用于水性广谱通用体系消泡。

c.AT503适用于水性耐碱消泡，尤其是需要抑泡的体系。

d.ATA103适用于水性表面活性剂较多的体系，需要降低泡沫使用。

e.AT705S适用于溶剂型体系使用。

f.AT380适用于对透明度有要求的体系，稳定、不影响透明度。

4.3.3 选择消泡剂的原则

好的消泡剂不应具有良好的水溶性，因为消泡剂这种表面活性剂必须分布在气液界面上才能起到降低界面张力的作用，而溶于水的表面活性剂减少了在气液界面的聚集浓度，不利于消泡甚至反而会起泡。可见与水的可溶解性或混溶性决定了一种表面活性剂的消泡能力。虽然混溶性太好的低分子量表面活性剂不能消泡，甚至会起泡和稳泡，但完全不混溶的表面活性剂会导致缩孔等表面缺陷。真正好的消泡剂应该是在水体系中具有良好的混溶与不混溶的某个平衡点上。过度的溶解性和不溶解性都不会产生理想的消泡效果，这也是选择消泡剂困难的主要原因。消泡剂的结构决定了它的表面活性和在水体系中的溶解性。以有机硅消泡剂为例，可以通过改变分子中的二甲基硅氧烷的数量和聚醚亲水基的种类及链长度来调节其混溶性和消泡能力。

由消泡剂的消泡机理和应用要求可以得出好的消泡剂应该具有以下特性。

①发泡介质相比有较低的表面张力和HLB值。

②具有能与泡沫表面接触的亲和能力。

③具有很高的铺展速率，能在泡沫上扩散和进入泡沫，并取代泡沫膜壁。

④不影响起泡体系的基本性质。

⑤化学性稳定。

⑥无生理活性、无腐蚀、无毒、无不良反应、不可燃、不爆炸，安全性高。

参考文献

[1] 谢建武. 汽车用精细化学品[M]. 北京: 化学工业出版社,2017.

[2] 朱万章, 刘学英. 水性涂料助剂[M]. 北京: 化学工业出版社,2011.

[3] 李东光. 汽车化学品配方与制备300例[M]. 北京: 化学工业出版社,2014.

[4] 唐育民. 合成洗涤剂及其应用[M]. 北京: 中国纺织出版社,2006.

[5] 肖进新, 赵振国. 表面活性剂应用原理[M]. 北京: 化学工业出版社,2015.